D1995449

Unser Leben ist das, was unsere Gedanken daraus machen.

Marc Aurel (121–180)

Selbstbegegnung nicht ausgeschlossen

Im Jahr 1974 machten sich zwölf Schriftsetzerlehrlinge daran, eine Zitatensammlung in Form einer Broschüre herzustellen. Unser Fachlehrer schlug verschiedene Sinnsprüche vor und jeder von uns Zwölfen suchte sich ein Zitat aus, welches es dann typografisch zu gestalten galt. Das Zitat, welches ich wählte, stammt von Hermann Hesse: *Man soll auf alles achten, denn man kann alles deuten.* (GW9-82)

Den Sinn dieser Aussage habe ich damals mehr gefühlt als begriffen. Ähnlich erging es mir auch mit Hesses Büchern, die ich danach eines nach dem anderen verschlang. Und was ich davon verstand, erschien mir manchmal wie ein Blick in den Spiegel.

Seitdem ruhte Hesse zwar sanft im Bücherregal. Doch seine Romanfiguren *Peter Camenzind, Hans Giebenrath, Emil Sinclair* und wie sie alle heißen, führten ein seltsames Eigenleben in mir weiter – mal mehr, mal weniger bewusst und über lange Strecken ganz vergessen. Und ins Vergessen geriet auch unsere Broschüre, die sich seither in meinem typografischen Archiv versteckt hielt.

Im Lauf der Jahre dachte ich ab und zu daran, mir den alten Hesse noch mal vorzunehmen. Denn nach meiner ersten Begegnung mit ihm waren einige Fragen offen geblieben. Als schließlich ein Vierteljahrhundert vergangen war, stürzte ich mich in ein Lese-Abenteuer, dessen Ergebnis unter anderem dieses Heft über Hermann Hesses Leben und Werk ist, das Sie gerade in Händen halten.

Beim Wiederlesen von *Unterm Rad* entdeckte ich nun – neben bewusster Begegnung mit mir selbst – auch den versteckten Humor Hesses, der mir zwischen jugendlichem Ungestüm und Weltschmerz einst völlig entgangen war. So las ich denn auch die übrigen Werke mit vollkommen neuen Augen und mit Gewinn. Und im *Glasperlenspiel* stolperte ich schließlich über eine Textstelle, die mir bekannt schien: *Man soll auf alles achten, denn man kann alles deuten.*

Damit hatte sich der Kreis geschlossen. Ich erinnerte mich an die Zitatensammlung aus meiner Lehrzeit und fand sie tatsächlich wieder. Und ich weiß nun auch meine Nähe zu Hermann Hesse zu deuten, der in *Demian* geschrieben hat: *Nichts auf der Welt ist dem Menschen mehr zuwider, als den Weg zu gehen, der ihn zu sich selber führt!* (GW5-48)

Möge auch diese Auflage viele Leserinnen und Leser finden und sie dazu anregen, sich auf den komischen Kauz aus Calw einzulassen, um ihn – vielleicht aber auch ein Stück von sich selbst – kennen zu lernen!

Ganz besonders danken möchte ich Paul Rathgeber, Hermann-Hesse-Museum, Calw.

Helmut Oberst

Beim Wiederlesen eines meiner frühesten Bücher (1941)

So kindlich und so streng, so stolz und scheu
Ist dazumal mein Sinn und Spiel gewesen.
Ihr, Freunde, wißt: nicht immer blieb ich treu,
Aus manchen meiner Bücher könnt ihr lesen,
Wie weit und oft ich abwärts mich verlor.
Nun aber ist, in diesen späten Tagen,
Der Ton von einst aufs neue angeschlagen
Und wirbt noch einmal um ein hörend Ohr.

(Hermann Hesse, Die Gedichte, S. 410; © Suhrkamp Verlag Frankfurt am Main 1992)

Anmerkungen (ausführliche Textnachweise ab Seite 59):

Texte aus Hesses Werken dürfen nicht in der reformierten Rechtschreibung wiedergegeben werden. Zitate im laufenden Text sind *kursiv* gesetzt, um sie kenntlich zu machen.

Die Bedeutung der Abkürzungen bei den Quellenangaben ist folgende:

„GW“ steht für Hermann Hesse, *Gesammelte Werke in 12 Bänden*. © Suhrkamp Verlag Frankfurt am Main 1987.

„GB“ steht für Hermann Hesse, *Gesammelte Briefe*. Vier Bände. In Zusammenarbeit mit Heiner Hesse herausgegeben von Ursula und Volker Michels. © Suhrkamp Verlag Frankfurt am Main 1990.

„K+J“ steht für *Kindheit und Jugend vor Neunzehnhundert*. Hermann Hesse in Briefen und Lebenszeugnissen. 1877–1900. Zwei Bände. Herausgegeben von Ninon Hesse und Gerhard Kirchhoff. Suhrkamp Verlag Frankfurt am Main 1966/1978.

Danach folgen jeweils die Nummer des betreffenden Bandes und die Seitenzahl.

Mode Schaber
2. Juli 1877

Nur das Denken, das wir leben, hat einen Wert. (GW5-64)

Von Calw nach Montagnola (1877–1962)

Am 2. Juli 1877 kommt Hermann Hesse in der Schwarzwaldstadt Calw (Württemberg) zur Welt. Nach seiner Schwester Adele ist er das zweite Kind aus der Ehe von Marie Hesse mit Johannes Hesse.

Im Tagebuch der Mutter liest sich das so: „... *nach schwerem Tag schenkt Gott in seiner Gnade abends halb 7 Uhr das heißersehnte Kind, unsern Hermann, ein sehr großes, schweres, schönes Kind, das gleich Hunger hat, die hellen blauen Augen nach der Helle dreht und den Kopf selbständig dem Licht zu wendet, ein Prachtexemplar von einem gesunden, kräftigen Burschen.*“ (K+J1-8)

Und Ende Dezember 1879 schreibt Marie Hesse mit prophetischem Weitblick über ihren Zweijährigen: „... *sein Eigensinn und Trotz ist geradezu großartig.*“ (K+J1-8)

Die Eltern

Marie Hesse (1842–1902), geb. Gundert, verw. Isenberg, war als Missionarstochter in Indien geboren, Johannes Hesse (1847–1916) in Weißenstein/Estland als Sohn des Arztes Dr. Carl Hermann Hesse. Von 1869 bis 1873 arbeitete Johannes Hesse als Sprachlehrer am Predigerseminar in Mangalore/Indien, musste jedoch aus gesundheitlichen Gründen nach Europa zurückkehren und wurde Gehilfe seines späteren Schwiegervaters – des berühmten Theologen und Indologen Dr. Hermann Gundert – bei dessen Calwer Verlag. Hier lernte er seine Frau kennen und heiratete sie 1874.

Nach Basel und zurück

Am 6. April 1881 folgt Johannes Hesse einem Lehrauftrag an der Missionsschule in Basel. Dort verbringt Hermann zusammen mit den beiden Schwestern Adele und Marulla sowie dem jüngeren Bruder Hans einen Teil seiner Kindheit.

links: Hesses Geburtshaus in Calw. (Foto: H. Oberst)

Hermann ist ein schwieriges – heute würde man sagen hyperaktives – Kind, das den Hesse'schen Haushalt schon recht früh in Atem hält. Am 14. November 1883 schreibt sein Vater verzweifelt: *„Hermann, der im Knabenhaus fast für ein Tugendmuster gilt, ist zuweilen kaum zu haben. (...) ich besinne mich doch ernstlich, ob wir ihn nicht in eine Anstalt oder in ein fremdes Haus geben sollten. Wir sind zu schwach für ihn und das ganze Hauswesen nicht genug diszipliniert und regelmäßig."* (K+J1-13)

Im Juli 1886 kehrt die Familie nach Calw zurück, wo der Neunjährige zunächst die Lateinschule besucht.

Hesse hat seine Geburtsstadt und ihre Umgebung in seinem Werk oft beschrieben. Da Calw in Hermanns Kinder- und Jugendtagen vor allem von der Ledergerberei geprägt war, taucht die Nagoldstadt auch als *Gerbersau* auf. Gerissene Chronisten vermuten hinter *Gerbersau* ein Wortspiel: Schließlich habe man dem jungen Hesse dort *das Fell gegerbt*.

Göppingen und Maulbronn

In den Jahren 1890/91 besucht Hermann das Gymnasium in Göppingen. Parallel dazu geht er zum Konfirmandenunterricht. Schon in dieser Zeit klagt er in seinen Briefen über Kopf- und Augenschmerzen – die ihn sein ganzes Leben begleiten werden – sowie über Atemprobleme.

Das so genannte Landexamen besteht er Mitte Juli 1891 und erfüllt damit die Voraussetzung zur Ausbildung in einem der evangelischen Seminare und daran anschließend im Tübinger Stift. Diese staatliche Prüfung fand in Württemberg jedes Jahr im Sommer statt. Damit wurde begabten Schülern, denen der akademische Weg ansonsten verschlossen geblieben wäre, der kostenlose Zugang zum Studium ermöglicht. Sie wurden dann in der Regel Pfarrer oder Lehrer.

Hermann Hesse besitzt damals über seinen Vater noch das Basler Bürgerrecht. Für den Besuch einer staatlichen Schule muss er jedoch das württembergische Bürgerrecht erwerben. Dieser Zusammenhang ist wichtig, um zu verstehen, warum Hermann Hesse später – vom politischen

links: Foto des Vierjährigen im Hermann-Hesse-Museum, Calw.
(Veröffentlichung mit freundlicher Erlaubnis von Paul Rathgeber, Direktor des Museums.)

Deutschland bitter enttäuscht – ausgerechnet die Schweizer Staatsbürgerschaft annimmt.

Hermann verbringt die Zeit nach dem Examen zu Hause in Calw. Am 15. September 1891 begleitet die Mutter den Vierzehnjährigen zum Seminar ins Kloster Maulbronn, wo es ihm zunächst recht gut gefällt, obwohl er dort – einschließlich sonntags – 41 Stunden Unterricht pro Woche über sich ergehen lassen muss. Lediglich mit dem Musik- und Turnlehrer Haasis scheint er nicht zurechtzukommen. Hermann beklagt sich jedoch nicht nur über den Turnunterricht: Am 25. Oktober 1891 schreibt er nach Hause: *„Ich wollte, es wäre schon Ostern, dann könnte ich das Geigen aufstecken; es ist eine Qual bei Herrn Haasis."* (K+J1-126)

Ausbruch und Entlassung aus dem Seminar

Am 4. März 1892 noch bittet Hermann die Eltern, ihm jene Geige zu schicken, auf der er in Calw gespielt habe. Die Seminargeige würde dann für einen andern frei. (K+J1-178) Am 7. März kehrt er dann von der Mittagsfreizeit nicht zurück. Schließlich telegrafiert die Seminarleitung, Hermann fehle seit zwei Uhr. Abends berichtet ein weiteres Telegramm von erfolgloser Suche und am Mittag des 8. März telegrafiert man: *Hermann wohlbehalten zurück.* (K+J1-179–181)

Er war in der Gegend herumgeirrt, hatte die Nacht in einem Strohhaufen verbracht und war auf dem Rückweg nach Maulbronn von einem Ordnungshüter aufgegriffen worden.

Marie Hesse schreibt ins Tagebuch: *Die Professoren nehmen's sehr ernst, sie befürchten partielle Geistesverwirrung, etwas Krankhaftes. Das ist's ja auch und wir sind sehr in Sorge. Da er bisher so gerne in Maulbronn war, ist's uns unerklärlich, daß er fortlief. Ein Stuß und Ärger mit dem Musiklehrer etliche Tage vorher hatte wohl mitgewirkt.* (K+J1-183)

In einem Brief vom 9. März 1892 fragt Hermann seinen Vater, ob er den Geigenunterricht aufgeben darf. Ein paar Tage später muss er eine Arreststrafe absitzen und wird schließlich am 23. März vom Arzt heimgeschickt.

links: Kloster Maulbronn · Blick aus dem „Paradies" der Klosterkirche auf den Klosterhof. (Foto: H. Oberst)

Zuvor hatte der Lehrerkonvent bei der Untersuchung des Vorgangs festgestellt, dass *Hermann in hohem Maße die Fähigkeit fehle, sich selbst in Zucht zu halten und seinen Geist und sein Gemüt in die Schranken einzufügen, welche für sein Alter und für eine erfolgreiche Erziehung im Seminar notwendig seien. Ferner glaube man, dass sein weiterer Aufenthalt in Maulbronn eine Gefahr für die Mitschüler darstelle.* (K+J1-189)

Tatsächlich klagt Hermann in einem Brief vom 20. März nicht nur wie üblich über Kopfschmerzen, sondern auch darüber, dass seinem besten Freund Wilhelm Lang der Umgang mit ihm streng verboten worden sei: *Ich habe den verloren, den ich mehr liebte als alle (...), es ist schwer, am Sarg eines Freundes zu stehen, zehnmal schwerer, einen Freund lebend zu verlieren.* (K+J1-194/195)

Warum Hesse aus dem Seminar davongelaufen ist, weiß niemand genau. Auch aus seinem Werk *Unterm Rad* (s.S.36), in dem er die Ereignisse jener Zeit eindrucksvoll darstellt, geht der eigentliche Grund nicht hervor. Schwere innere Konflikte aufgrund der verklemmten Erziehung, Rebellion gegen alles, was mit *„du sollst ..."* beginnt, und hoffnungslose Überforderung des Vierzehnjährigen haben sicherlich zur Katastrophe beigetragen. Am Ende bringt die gewaltsame Trennung von seinem Freund Wilhelm Lang das Fass vollends zum Überlaufen. Diese pädagogische Sünde rächt sich im nervlichen Zusammenbruch des Jungen. Dies alles ist im oben genannten Jugendroman detailgetreu geschildert.

Am 23. April 1892 kehrt er zwar nach Maulbronn zurück. Doch Hermann ist mit seinen Eltern in den Briefen plötzlich per Sie, stößt seinem Mitschüler Otto Hartmann gegenüber Morddrohungen aus und redet von Selbstmord, bis er am 7. Mai endgültig aus dem Seminar entlassen wird.

Bad Boll und Stetten

An diesem Tag holt Marie Hesse ihren Sohn in Maulbronn ab und reist mit ihm zu Christoph Blumhardt nach Bad Boll. Der Theologe und Freund der Familie Hesse ist bereit, Hermann bei sich aufzunehmen um den Grund für sein Verhalten herauszufinden.

Blumhardt ist zunächst zufrieden, obwohl Hermann immer wieder über Kopf- und Augenschmerzen klagt. Doch als er sich am 20. Juni 1892 – aus Enttäuschung über die unglückliche Romanze mit der 22-jährigen Eugenie Kolb – mit einem Revolver, der wegen Ladehemmung zum Glück versagt, das Leben nehmen will, wird er kurz vor seinem fünfzehnten Geburtstag von der Mutter in die Nervenheilanstalt des Pfarrers Schall nach Stetten gebracht. Hermann arbeitet dort im Garten und hilft beim Unterricht geistig behinderter Kinder.

Kurz darauf bittet der Fünfzehnjährige die Eltern um Entschuldigung und fragt, ob er irgendwo ein Gymnasium besuchen darf. Der Vater ist nicht dagegen. Er meint aber, Hermann solle damit warten, bis er wieder ganz gesund sei.

Am 5. August holt ihn der Vater von Stetten nach Calw. Dort verschlechtert sich sein Zusand so sehr, dass der Sohn am 22. August wieder in die Anstalt zurückgebracht wird. Hermann reagiert mit Hass und Verbitterung und es ist interessant, zu welcher Anklage sich der Fünfzehnjährige in seiner Wut versteigt:

Am 14. September 1892 schreibt er an seinen Vater, den er mit *Sehr geehrter Herr* anredet: *Da Sie sich so auffällig opferwillig zeigen, darf ich Sie vielleicht um 7 M oder gleich um den Revolver bitten. (...) Eigentlich hätte ich ja schon im Juni krepieren sollen. (...) Ihre Verhältnisse zu mir scheinen sich immer gespannter zu gestalten, ich glaube, wenn ich Pietist und nicht Mensch wäre, wenn ich jede Eigenschaft und Neigung an mir ins Gegenteil verkehrte, könnte ich mit Ihnen harmonieren. Aber so kann und will ich nimmer leben und wenn ich ein Verbrechen begehe, sind nächst mir Sie schuld, Herr Hesse, der Sie mir die Freude am Leben nahmen. Aus dem „lieben Hermann“ ist ein anderer geworden, ein Welthasser, eine Waise, deren „Eltern“ leben. Schreiben Sie nimmer „Lieber H.“ etc; es ist eine gemeine Lüge. (...) Ich hoffe, daß die Katastrophe nimmer lang auf sich warten läßt. Wären nur Anarchisten da!*

Der Brief ist unterschrieben mit: *H. Hesse, Gefangener im Zuchthaus zu Stetten.* Schließlich endet er mit dem Zusatz: *Ich beginne mir Gedanken zu machen, wer in dieser Affaire schwachsinnig ist. Übrigens wäre es mir erwünscht, wenn Sie gelegentlich mal herkämen.* (K+J1-268/269)

Basel, Cannstatt, Esslingen

Am 5. Oktober 1892 darf er die Anstalt in Stetten verlassen, fährt zu Pfarrer Pfisterer nach Basel, den er aus Kindertagen kennt und schätzt, und bleibt dort in dessen Kinderheim, bis für Anfang November Unterkunft in Cannstatt gefunden ist. Hermann will nämlich das dortige Gymasium besuchen.

Bis Weihnachten scheint alles gut zu gehen. Doch schon im Januar verschlechtert sich sein Zustand so sehr, dass er sich wieder eine Pistole kauft und der Mutter im Brief mit Selbstmord droht, da ihm alles so einerlei sei und er nicht wisse, wozu er denn auf der Welt sei. Auf der Stelle fährt Marie Hesse nach Cannstatt, um nach dem Rechten zu sehen, und nimmt Hermann die Pistole weg.

So wechseln helle mit dunklen Tagen und am 14. März 1893 schreibt Hesse: *Alles wäre schön und gut, wenn nur die Welt nicht gar so schön wäre, oder wenn sie mir offen stünde.* (K+J1-343) Als der Sechzehnjährige sich schließlich in Kneipen herumtreibt und zu verwahrlosen scheint, droht sein Vater wieder mit der Anstalt. (K+J1-357/358) Und im Oktober geht es Hermann so schlecht, dass er die Eltern fragt, ob er die Schule abbrechen darf.

Hermanns Onkel David Gundert verschafft ihm zum 25. Oktober eine Lehrstelle beim Buchhändler Mayer in Esslingen. Doch der Neffe läuft schon am 30. davon. Johannes Hesse bemüht daraufhin erneut einen Nervenarzt mit der Bitte, sich den Sohn anzusehen.

Vater-Sohn-Konflikt

Dass die Eltern in Hermanns Verhalten in erster Linie etwas Krankhaftes sehen, liegt in ihrer pietistischen* Prägung begründet. Sie sind davon überzeugt, dass der Mensch – vor allem als Kind – grundsätzlich schlecht ist und nur durch strenge Erziehung und im rechten Glauben zur Erlösung gelangen kann. So zieht jedes Vergehen peinliche Verhöre nach sich, was zur Reue des *Missetäters* führen soll. In welchen Konflikt Hermann dadurch kommt, steht in der Erzählung *Kinderseele* (1920): *Es gab keine Verbrecher in unserm Hause außer mir.* In dieser Erzählung ist der Vater-Sohn-Konflikt deutlich dargestellt:

** Pietismus ist eine Reformbewegung des deutschen Protestantismus, die sich besonders der Mission, der Bibelverbreitung und der Jugenderziehung gewidmet hat.*

Das Wort *Vater* ist für Hermann gleichbedeutend mit Würde und Macht, Strafe, schlechtem Gewissen und Gott. Zwar fürchtet er sich vor seinem Vater, wenn er wieder mal *etwas verbrochen* hat. Dessen Trost hingegen schätzt er mehr als die selbstverständliche Liebe der Mutter, weil ihm die Zuwendung des Vaters *ruhiges Gewissen, Versöhnung und neues Bündnis mit den guten Mächten* bedeutet, die er mit einem zwanghaften Strafbedürfnis oft genug herausfordert.

Angetrieben von schlechten Vorahnungen geht Hermann eines Tages ins Zimmer seines Vaters. Da er ihn dort nicht antrifft, stiehlt er ein paar Kleinigkeiten. Später deswegen zur Rede gestellt, verstrickt sich Hermann – der sich selbst nicht erklären kann, warum er gestohlen hat – hoffnungslos in einer abenteuerlichen Lügengeschichte und fühlt sich schließlich durch das peinliche Verhör *wie eine Maus, die man in einer Drahtfalle tanzen läßt, bevor man sie ersäuft.* (GW5-201) Dabei wäre es dem Elfjährigen in diesem Moment lieber, der Vater würde ihn einfach nur verprügeln.

Hermann wird zur Strafe für den Rest des Tages auf dem Dachboden eingesperrt. Kurz vor dem Schlafengehen kommt es zur versöhnenden Aussprache mit folgendem Ergebnis: *Als ich im Bette lag, hatte ich die Gewißheit, daß er mir ganz und vollkommen verziehen habe – vollkommener als ich ihm.* (GW5-203)

In dem Roman *Demian* (s. S. 40) ist dieser Konflikt, mit dem Hesse erst als Erwachsener durch die Psychoanalyse umgehen lernt, ähnlich geschildert.

Zurück in Calw, Mechanikerlehre

1894 bittet der Sechzehnjährige seinen Vater um finanzielle Unterstützung bei der Verwirklichung eigener Pläne. Dass er überall davongelaufen sei, habe an dem Ekel gelegen, der ihn bei allem ergriffen habe, was die Eltern aus ihm machen wollten.

Papa Hesse rät dem Sohn zur *Überwindung jenes Ekels,* zur Anpassung an die gegebenen Umstände und empfiehlt ihm die Wahl *irgend einer regelmäßigen, für Körper und Geist nicht allzu anstrengenden Tätigkeit.* Wenn er gefestigt sei, könne später immer noch etwas aus ihm werden. (K+J1-417)

So beginnt Hermann im Juni 1894 ein Mechaniker-Praktikum in Heinrich Perrots Turmuhrenfabrik in Calw. Auch diese Episode findet sich in dem Jugendroman *Unterm Rad* wieder (s. S. 36).

Im Mai 1895 schildert Hermann die neue Situation in einem Brief an seinen Cannstatter Lehrer Kapff folgendermaßen: *Mir fehlt hier aller Umgang, besonders alle Gelegenheit, über Nichtalltägliches zu sprechen, Freunde konnte ich hier nicht finden und mein Beruf (Techniker), in den mich die Umstände drängten, befriedigt mich nicht. So ward mir die Poesie immer lieber, immer unentbehrlicher, sie mußte mir das einsame Leben versüßen, die Bilder des Alltagstreibens verklären, Freundschaft und Rat von Freunden ersetzen.* (K+J1-464)

Und weiter unten: *Wie gesagt – in meinem Beruf und bei meinen etwas einseitig religiös gesinnten Verwandten zum Schweigen über das mir Wichtige verdammt, bin ich innerlich etwas haltlos, wenigstens einsam, und jeder Brief ist mir eine Wohltat.* (ebd. 466)

Buchhändlerlehre in Tübingen, erste Veröffentlichungen

Vom 17. Oktober 1895 bis 1. Oktober 1898 absolviert Hesse eine Buchhändlerausbildung in Tübingen. Dies ist ein Kompromiss zwischen den Forderungen der Eltern und seinen hochtrabenden Plänen, *Dichter zu werden und sonst nichts.*

Er folgt dabei seiner inneren Stimme, will es den Eltern und der Welt zeigen und studiert Literatur im Selbstunterricht, wobei er sich vor allem an Goethe hält. Langsam kommt sein Leben in ruhigere Bahnen. Und er findet zwischen dem 18. und 21. Lebensjahr trotz der anstrengenden Arbeit genug Zeit, sich nicht nur tief in die Welt der Literatur hineinzulesen, sondern auch Eigenes zu produzieren und schließlich zu veröffentlichen:

1899 erscheint die Gedichtsammlung *Romantische Lieder* sowie eine Reihe von fantastischen Erzählungen unter dem Titel *Eine Stunde hinter Mitternacht,* in denen Hesse ausdrucksstarke Traumbilder geschaffen hat. Als seine Mutter allerdings in einem Brief vom 15. Juni 1899 meint, einige Sätze seien so unanständig, dass kein Mädchen sie je lesen sollte, fordert der Sohn das Buch zurück. Seine Belegexemplare seien zu rar. Außerdem habe er sich entschlossen, den Brief der Mutter niemals zu beantworten. Es würde sie erschrecken, wie bitter alles in ihm geworden sei. (K+J2,359-361)

Marie Hesse hatte als Fünfzehnjährige im Internat Korntal bei Stuttgart übrigens Ähnliches erlebt wie ihr Sohn später in Maulbronn. Sie schrieb leidenschaftliche Gedichte, las heimlich Schiller – was damals streng verboten war – und sie stand fest zu einer älteren Freundin, als diese wegen einer Liebelei von der Internatsleitung an den Pranger gestellt wurde. Am Ende wurde Marie deswegen aus dem Internat genommen.

Ihre Reaktion auf das Buch des Sohnes zeigt also, wie widersprüchlich das Mutter-Sohn-Verhältnis gewesen ist. Trotz aller Liebe und Bewunderung rebelliert der sensible Sohn vor allem gegen das, was er als Doppelmoral empfindet. Andererseits führt es zwangsläufig zu Konflikten, wenn Eltern durch ihre Kinder an eigene Wunden erinnert werden. Vielleicht liegt darin auch ein Grund dafür, dass die Mutterfigur in Hesses Büchern entweder früh verstirbt wie bei *Peter Camenzind,* als Symbol mystisch verklärt wird wie in *Demian* oder völlig fehlt wie im *Glasperlenspiel*.

Kurz nach der Veröffentlichung des unerwarteten Romanerfolgs *Peter Camenzind* (1904) bezeichnet Hesse *Eine Stunde hinter Mitternacht* in einem Brief letztendlich selbst als *Unglücksbuch,* das er am liebsten *ganz verschwinden* lassen möchte, weil dieser missglückte *Versuch aus einer Zeit den Suchens und Irrens* eine *schwere Enttäuschung* für jene Leser bedeuten würde, die sich aufgrund der Lektüre des *Camenzind* nun auch für seine früheren Publikationen interessierten. (GB1-131/132)

Wieder in Basel

Von 1899 bis 1903 ist Hesse Buchhändler und Antiquar in Basel und unternimmt in dieser Zeit Reisen in der Schweiz und nach Italien, das ihn sehr beeindruckt. In diesen Jahren entsteht der Band *Hinterlassene Schriften und Gedichte von Hermann Lauscher,* der 1901 erscheint und Kindheits- und Jugenderinnerungen aus Basel und Tübingen enthält. Der 24-Jährige gibt sich im Vorwort als Herausgeber der hinterlassenen Schriften des toten Freundes Hermann Lauscher aus.

Die Stimmung des kleinen Werks wechselt beständig zwischen kühnen Träumereien und Weltschmerz. Im Kapitel *Meine Kindheit* schreibt der Autor zum Beispiel: *Es gehört zu den Unvollkommenheiten und Entbehrungen des menschlichen Lebens, daß unsere Kindheit uns fremd werden muß und in Vergessenheit fällt wie ein Schatz, der spielenden Händen entgleitet, und über den Rand eines tiefen Brunnens fällt.* (GW1-222) Im Jahr darauf veröffentlicht Hesse einen Gedichtband, den er der Mutter widmet. Diese stirbt jedoch leider vor Erscheinen des Bändchens.

Erster literarischer Erfolg, Gaienhofen

Nach seiner zweiten Italienreise (1903) gibt er den Buchhändlerberuf auf, verlobt sich mit der Fotografin Maria Bernoulli – der Tochter eines Basler Gelehrten – und veröffentlicht im Verlag Samuel Fischer (Berlin) seinen ersten und unerwarteten Romanerfolg *Peter Camenzind* (s. S. 32), von dem bis 1909 etwa 50 000 Exemplare aufgelegt werden.

Hesse erhält für dieses Buch den Bauernfeldpreis, heiratet Maria und lässt sich mit ihr 1904 als freier Schriftsteller und Mitarbeiter an verschiedenen Zeitschriften in Gaienhofen am Bodensee nieder. Aus der Ehe mit Maria Bernoulli stammen die drei Söhne Bruno (*1905), Heiner (*1909) und Martin (*1911). Hesse hat sein Lebensziel erreicht, kann von seiner Arbeit als Schriftsteller leben und weiter erfolgreich publizieren.

1906 erscheint der Jugendroman *Unterm Rad,* in dem er seine Zeit im Maulbronner Seminar darstellt (s. S. 36). Im selben Jahr begründet Hesse zusammen mit Albert Langen und Ludwig Thoma die liberale Zeitschrift *März,* welche sich gegen das Regime Wilhelms II. richtet. 1907 erscheint unter dem Titel *Diesseits* eine Sammlung von Erzählungen.

In dem Roman *Gertrud* (1910) schildert Hesse ein Künstlerdrama. Zur selben Zeit verstärken sich bei ihm die Zweifel am Sinn seiner bürgerlichen Existenz. Der erfolgreiche Autor empfindet sich als Fremdkörper im eigenen Haus. Kurz nach der Geburt des dritten Sohnes (1911) hält ihn in Gaienhofen schließlich nichts mehr. So reist er mit dem Maler Hans Sturzenegger nach Genua und von dort aus per Schiff Richtung Indien, besucht Sumatra und Ceylon (Sri Lanka), muss jedoch die geplante Reise auf den indischen Subkontinent aus finanziellen und gesundheitlichen Gründen aufgeben. Indien war das Geburtsland der Mutter. Auch Hesses Vater sowie der Großvater mütterlicherseits haben dort gewirkt. Und nicht zuletzt ist Indien das Land, dessen Geist ihm vor allem durch diesen Großvater, den Indologen Hermann Gundert, schon im Elternhaus begegnet ist, was Hesses Fantasie früh beflügelt hat.

Ergebnis dieser Unternehmung sind vor allem die Reiseberichte *Aus Indien* (1913). Ruhe und Frieden hat Hesse jedoch auf dieser Reise genauso wenig gefunden wie die Begegnung mit dem geistigen Indien. Doch bei seiner Rückkehr ist ihm eines klar: Das beschauliche Leben in Gaienhofen, welches ihm die Luft zum Atmen nimmt, muss ein Ende haben!

Bern

Maria will auf gar keinen Fall nach Schwaben und als Baslerin möchte sie, dass ihre Kinder in der Schweiz aufwachsen. So siedelt die Familie 1912 nach Bern über. Doch auch dort kann Hesse nur oberflächliche Wurzeln schlagen. Ihn quält die Frage, ob er überhaupt zur Ehe fähig sei, denn er hält die Rolle des Künstlers mit der des Ehemannes und Familienvaters für unvereinbar.

Ein Ergebnis dieser Krise ist der Roman *Roßhalde* (1914), in welchem Hesse nicht nur die Probleme einer Künstlerehe ganz allgemein, sondern vor allem die unglückliche Entwicklung seiner eigenen Ehe auszudrücken versucht. Dass er dabei nicht nur das Scheitern dieser Ehe beschreibt, sondern auch die schwere Erkrankung seines jüngsten Sohnes Martin (1916) vorwegnimmt, ist allerdings bemerkenswert. Auch dieser Roman, der bis 1925 eine Auflage von 50 000 erreichte, war ein großer Publikumserfolg.

Der 1. Weltkrieg

Im August 1914 wird der 1. Weltkrieg vom Zaun gebrochen. Hesse meldet sich im Sog der Ereignisse als Freiwilliger, wird wegen Kurzsichtigkeit zunächst als untauglich zurückgestellt, jedoch später der Deutschen Botschaft in Bern zum Dienst in der Kriegsgefangenenfürsorge unterstellt.

Recht bald ernüchtert und zutiefst angewidert vom nationalistischen Wahn und dessen blutigen Folgen veröffentlicht Hesse am 3. November 1914 in der Neuen Zürcher Zeitung den Aufsatz *O Freunde, nicht diese Töne*.

Hesse wendet sich darin vor allem gegen jene Kulturschaffenden der Krieg führenden Länder, die *...den Krieg ins Studierzimmer tragen und am Schreibtisch blutige Schlachtgesänge verfassen oder Artikel, in denen der Haß zwischen den Völkern genährt und ingrimmig geschürt wird.* Und er stellt die Frage: *...wir Dichter, Künstler, Journalisten – kann es unsere Aufgabe sein, das Schlimme zu verschlimmern, das Häßliche und Beweinenswerte zu vermehren?* (GW10-411-416)

Mit Aufsätzen wie diesen gewinnt Hesse zwar die Freundschaft des französischen Schriftstellers Romain Rolland. Doch aus Deutschland schlägt ihm der blanke Hass entgegen. In Schmäh-Artikeln wird er als Gesinnungslump und Verräter beschimpft. Ehemalige Kameraden kündigen ihm die Freundschaft. Außerdem wird er mit Hassbriefen überschüttet.

1916 werden durch den Tod des Vaters alte Schuldgefühle heraufbeschworen. Im selben Jahr kommt bei Hesses Frau eine psychische Krankheit zum Ausbruch. Maria wird in verschiedenen Nervenheilanstalten behandelt. Auch der Sohn Martin erkrankt ernsthaft. Parallel zur äußeren Welt fällt Hesses private Welt in Trümmer. Er leidet an Depressionen.

Psychoanalyse

Diese Entwicklung führt schließlich zur Unterbrechung der Arbeit bei der Deutschen Botschaft in Bern. Da alle Kuraufenthalte aber nichts nützen und Hesse selbst spürt, dass seine psychischen Leiden im Grunde gar nicht durch die äußeren Umstände verursacht sind, beginnt er damit, die Ursachen in sich selbst zu suchen.

Mit Hilfe des Psychoanalytikers Dr. J. B. Lang – eines Kollegen von Carl Gustav Jung – gelingt es Hesse, die unbewältigten Konflikte aus der Kindheit anzupacken, halbwegs Ordnung in sein Leben zu bringen und einen Neuanfang zu wagen. Das wesentliche Ergebnis dieser Selbstprüfung wird der Roman *Demian* sein, an dem er in jener Zeit arbeitet (s. S. 40).

Außerdem bleibt er trotz Anfeindungen aus Deutschland wegen seiner pazifistischen Haltung bis zum Ende des Kriegs unermüdlich in der *deutschen Kriegsgefangenenfürsorge Bern* tätig, wird Mitherausgeber der *Deutschen Interniertenzeitung* und der *Bücherei für deutsche Kriegsgefangene*.

Selbstprüfung als Ausweg auch für Deutschland?

1918 schreibt Hesse in seinem Aufsatz *Der Weg der Liebe: Es geht uns Deutschen heute überaus schlecht, wir wissen noch nicht, ob und wie wir morgen leben werden. Und gerade jetzt ist die Versuchung zu unnützen Gebärden und Gefühlen groß. (...) Man vergleicht unsere heutige Lage mit der Lage, in die wir Frankreich im Jahre 1870 gebracht hatten, und zieht dieselben Schlüsse daraus: Zähne zusammenbeißen, das Unabwendbare ertragen, im Herzen aber Rache brüten und das Unglück später einmal wiedergutmachen!* (GW10-444–449)

Hesse meint, Hass sei der falsche Weg. Vielmehr müsse man sein Schicksal annehmen und den eigenen Anteil an der Katastrophe herausfinden. Den Weg der Aufrichtigkeit und der Liebe zu gehen, sei wohl das Schwerste, was man einem Volk zumuten könne. Aber es könne nur gewinnen, wenn es diesen Weg zu Ende gehe. Erst dann wären Krieg und Niederlage nicht mehr *Krankheit und Wunde,* sondern *zu Wert und Zukunft verwandeltes Schicksal*.

Darauf folgt die Schrift *Zarathustras Wiederkehr,* in der sich Hesse in Anlehnung an Friedrich Nietzsche *an die Geistigen unter der deutschen Jugend* wendet. Der Traktat wird 1919 anonym veröffentlicht und Hesse trifft den Nagel auf den Kopf, wenn er schreibt: *Ihr Deutsche seid mehr als jedes andere Volk an das Gehorchen gewöhnt. Euer Volk hat so leicht, hat so überaus gerne und freudig gehorcht, keinen Schritt mochte es tun, ohne dabei die Befriedigung zu fühlen, daß damit ein Gebot erfüllt, eine Vorschrift befolgt sei. Mit Gesetzestafeln und namentlich mit Verbotstafeln war euer gutes Land bedeckt wie mit einem Walde.* (GW10-494/495)

Hesse rät seinen Lesern, auf ihre innere Stimme zu hören. Und wenn diese schweige, so sei dies ein Zeichen dafür, dass etwas nicht in Ordnung sei, dass sie sich auf dem falschen Weg befänden.

Eigensinn

Im selben Geist entsteht 1917 die Betrachtung *Eigensinn,* in welcher Hesse seine Gedanken weiter ausführt:

Einen „eigenen Sinn" nun hat jedes Ding auf Erden. (...) Einzig zwei arme, verfluchte Wesen auf Erden gibt es, denen es nicht vergönnt ist, so zu wachsen, zu leben und zu sterben, wie es ihnen der tief eingeborene eigene Sinn befiehlt. Einzig der Mensch und das von ihm gezähmte Haustier sind dazu verurteilt, nicht der Stimme des Lebens und Wachstums zu folgen, sondern irgendwelchen Gesetzen, die von Menschen aufgestellt sind und die immer von Zeit zu Zeit wieder von Menschen gebrochen und geändert werden. Und das ist nun das Sonderbarste: Jene wenigen, welche die willkürlichen Gesetze mißachteten, um ihren eigenen, natürlichen Gesetzen zu folgen – sie sind zwar meistens verurteilt und gesteinigt worden, nachher aber wurden sie, gerade sie, für immer als Helden und Befreier verehrt. (...)

Jetzt höre ich die Autoritäten sagen: „Du predigst Revolution." Wieder ein Irrtum, der nur unter Herdenmenschen möglich ist. Ich predige Eigensinn, nicht Umsturz. Wie sollte ich Revolution wünschen? Revolution ist nichts anderes als Krieg, ist genau wie dieser eine „Fortsetzung der Politik mit anderen Mitteln". Der Mensch aber, der einmal den Mut zu sich selber gefühlt und die Stimme seines eigenen Schicksals gehört hat, ach, dem ist an Politik nicht das mindeste mehr gelegen, sei sie nun monarchisch oder demokratisch, revolutionär oder konservativ! Ihn kümmert anderes. Sein „Eigensinn" ist wie der tiefe, herrliche, gottgewollte Eigensinn jedes Grashalms auf nichts anderes gerichtet als auf sein eigenes Wachstum. (...)

Oh, wie ich diese Tugend liebe, den Eigensinn! Wenn man sie erst einmal erkannt und etwas davon in sich gefunden hat, dann werden die vielen bestempfohlenen Tugenden allesamt merkwürdig zweifelhaft.

Der Patriotismus ist so eine. Ich habe nichts gegen ihn. Er setzt an Stelle des einzelnen einen größeren Komplex. Aber so richtig als Tugend geschätzt wird er doch erst, wenn das Schießen losgeht – dieses naive und so lächerlich unzulängliche Mittel, „die Politik fortzusetzen". Den Soldat, der Feinde totschießt, hält man doch eigentlich immer für den größeren

Patrioten als den Bauern, der sein Land möglichst gut anbaut. Denn letzterer hat davon selber Vorteil. Und komischerweise gilt in unserer verzwickten Moral stets diejenige Tugend für zweifelhaft, welche ihrem Inhaber selber wohltut und nützt!

Warum eigentlich? Weil wir gewohnt sind, Vorteile immer auf Kosten anderer zu erjagen. Weil wir voll Mißtrauen meinen, immer gerade das begehren zu müssen, was ein anderer hat. (GW10-455ff)

Schließlich erscheint 1919 der Roman *Demian*. Weil Hesse ahnt, dass das Buch unter seinem Namen in Deutschland erst gar nicht aufgenommen würde, veröffentlicht er es unter dem Verfassernamen *Emil Sinclair*. Mit *Demian* trifft er den Nerv der Zeit. Über 70 000 Exemplare werden bis 1925 aufgelegt. Der vermeintliche Urheber *Emil Sinclair* bekommt als Nachwuchsschriftsteller sogar den Fontane-Preis, den Hermann Hesse jedoch zurückgibt, als seine Autorschaft bekannt wird.

Montagnola

Als Hesse im Frühjahr 1919 aus der Dienstverpflichtung zur Kriegsgefangenenfürsorge entlassen wird, ist sein Haushalt praktisch aufgelöst. Seine Frau ist wegen ihrer schweren psychischen Erkrankung in einer Nervenheilanstalt. Die Kinder sind bei Verwandten und Bekannten untergebracht.

Mit 41 Jahren macht der Autor einen konsequenten Strich unter sein bisheriges Leben, packt das Notwendigste zusammen, sucht sich einen Ort, wo er in Ruhe und Einsamkeit ganz von vorn beginnen kann, und lässt sich schließlich in dem Bergdorf Montagnola nahe Lugano nieder.

Was Hesse dazu bewogen hat, findet im Laufe der Zeit seinen Niederschlag in der Novelle *Klingsor*, worin er seine Situation mit erstaunlicher Offenheit beichtet. In der Erzählung *Kinderseele* (s. S. 12) ist ein präzises Bild des Vater-Sohn-Konflikts zu finden, wie es schon in *Demian* (s. S. 40) anklingt und wie es auch in *Siddhartha* (s. S. 43) zu finden sein wird.

In der Novelle *Klein und Wagner* schildert Hesse die Seelenqual eines unbescholtenen, unauffälligen, biederen Beamten und Familienvaters, der unter unaussprechlichen Zwangsvorstellungen leidet: Klein fürchtet, er werde Frau und Kinder ermorden, unterschlägt Geld, flieht mit falschem Pass nach Süden und ertränkt sich im Luganer See.

Klingsors letzter Sommer schildert schließlich Hesses erste Zeit in der Casa Camuzzi in Montagnola. Er fühlt, dass seine Kerze an beiden Enden brennt. So schreibt er im August 1919 an den Verleger Samuel Fischer, er habe manchmal das Gefühl, es könne ihm etwas zustoßen. Für diesen Fall bitte er ihn, seine Dichtungen *Kinderseele, Klein und Wagner* sowie *Klingsors letzter Sommer* auf jeden Fall noch zu veröffentlichen. (GB1-416)

Zur selben Zeit entdeckt Hermann Hesse (angeregt durch seine Psychotherapie) die Aquarell-Malerei für sich, die ihm zunächst Trost und Ausweg ist und später zu einer bescheidenen Geldquelle wird. Interessant ist in diesem Zusammenhang die Rolle, die *Farben* in Hesses Werken spielen, und es lohnt sich, seine Schriften auch unter diesem Aspekt zu betrachten.

Im Dezember 1919 beginnt Hesse mit der Niederschrift seiner indischen Dichtung *Siddhartha*. Zwischen den beiden Teilen des Werks liegt eine Pause von fast 18 Monaten, in denen Hesse viel meditiert und auch einige Wochen lang Psychoanalyse bei C. G. Jung betreibt. Das Werk erscheint 1922 und erreicht bis 1950 eine Auflage von 44 000.

1923 nimmt Hesse auch wieder die Schweizer Staatsbürgerschaft an, die er einst wegen des Besuchs des Seminars Maulbronn hatte aufgeben müssen. Am 14. Juli wird er von Maria geschieden. In dem Märchen *Iris* hat er sie sehr einfühlsam beschrieben: *Manchmal war sie so zart und empfindlich, daß alles Fremde ihr weh tat und sie leicht zum Weinen brachte.* (GW6-117)

Obwohl er weiß, dass er nicht für die Ehe geschaffen ist, heiratet er 1924 die zwanzig Jahre jüngere Ruth Wenger. Es ist also kein Wunder, dass diese Ehe schon 1927 auf Ruths Wunsch hin geschieden wird. Diese Bitte erfüllt er ihr übrigens genauso galant wie einst die Eheschließung. (GB2-176) Ebenfalls 1927 erscheint *Der Steppenwolf* (s. S. 47). Dieses Buch, das von der *Krise des Mannes von 50 Jahren* handelt, wird einer seiner größten Erfolge. Und es darf darüber spekuliert werden, wie viel von der Begegnung mit Ruth Wenger in die weiblichen Romanfiguren eingeflossen ist.

Schließlich heiratet er 1931 die Kunsthistorikerin Ninon Dolbin, geb. Ausländer. Das Paar bezieht ein Haus, das Hesses Freund H. C. Bodmer für ihn gebaut hat und ihm auf Lebenszeit zur Verfügung stellt.

Erneut zwischen allen Stühlen

Zusammenbruch der Weimarer Republik, Naziterror und heraufziehender Krieg treffen Hesse innerlich nicht unvorbereitet. Im Gegensatz zu 1914 weiß er diesmal von Anfang an, wo er steht, und hat *zum Begriff Deutschland keinerlei sentimentale Beziehungen mehr.* In einem Brief vom Mai 1933 heißt es, er habe sich so ziemlich drein ergeben, dass wieder einmal eine große Zeit stattfinde und dass ihm dies Theater seinen kleinen Garten verhageln und die Arbeit unmöglich machen werde. (GB2-385)

Schon Ende März beherbergt Hesse den ersten Flüchtling aus Deutschland – den Journalisten und Herausgeber einer sozialistischen Zeitung Heinrich Wiegand. Und am 24. März 1933 erwartet er Thomas Mann. Trotz allem sieht er persönlich keinen Sinn darin, sich einer aktiven Opposition gegen Hitler anzuschließen.

So wird er bald nicht nur von jenen beschimpft, die das schon immer getan haben, sondern auch von Oppositionellen und Emigranten kritisiert, die seine Lebensphilosophie nicht begreifen können oder wollen, welche er folgendermaßen ausdrückt: *Ich sehe uns und unsere Welt untergehen, nichts ist mir sicherer als dieser Untergang, den ich bejahe, ja wünsche, denn ich sehe ihn nur als Sterben erkalteter Formen, ohne an die Mitvernichtung des Lebens zu glauben. Wir werden bald wieder Kriege haben, große Kriege, und den Todeskampf ein Stück weiterführen. Nicht ihn zu verhindern, zu verzögern oder zu beschleunigen, halte ich für meine und unsere Aufgabe, sondern ihn zu sehen, den Blick ins Chaos zu ertragen, dem Chaos den Geist entgegenzustellen und den Glauben an den Geist, als Creator wie als Logos, den Späteren weiterzugeben.* (GB2-427)

Inzwischen wird der Geldtransfer von Deutschland in die Schweiz ständig erschwert, die Honorare werden mit spitzfindigen Steuern belegt, bis fast nichts mehr übrig bleibt – von den Folgen der Inflation ganz zu schweigen –, und als schließlich die Ersparnisse zur Neige gehen, beginnt Hesse damit, in

Hesse-Büste (Bronze) von Otto Bänninger im Hermann-Hesse-Museum, Calw.
(Veröffentlichung mit freundlicher Erlaubnis von Paul Rathgeber, Direktor des Museums.)

mühsamer Handarbeit illustrierte Gedichthandschriften herzustellen, die er dann an Freunde und andere Interessierte verkauft.

Hesses Bücher werden in Deutschland weder verboten noch landen sie auf Goebbels' Scheiterhaufen. Doch Nachdrucke werden durch allerlei Schikanen behindert und schließlich *wegen Papiermangels* unmöglich gemacht. Und für die Veröffentlichung des *Glasperlenspiels* bekommt Hesses Verleger erst gar keine Lizenz. So verschwinden die Werke langsam aus dem Buchhandel. Die letzten Bestände des Samuel Fischer Verlags, Leipzig, werden im Dezember 1943 von amerikanischen Fliegerbomben vernichtet. Schon vor Kriegsende betrachtet Hesse sein Lebenswerk als zerstört.

Späte Anerkennung ...

1943 erscheint *Das Glasperlenspiel* zunächst in der Schweiz (s. S. 53). Danach entsteht keine größere Dichtung mehr. Doch trotz gesundheitlicher Beschwerden beantwortet Hesse bis zu seinem Lebensende unzählige Briefe. Gegen die ansteigende Besucherflut lässt er allerdings an der Auffahrt zu seinem Wohnhaus ein Schild anbringen: *Bitte keine Besuche*.

1946 erhält Hesse nicht nur den Goethepreis der Stadt Frankfurt am Main, sondern auch den Nobelpreis für Literatur, wozu er feststellt, es hätte ihm ebenso gut ein Dachziegel auf den Kopf fallen können, weil der folgende Rummel um seine Person die ihm notwendige Ruhe stört. Es folgen weitere Ehrungen, die er zwar zur Kenntnis nimmt, an denen ihm jedoch nicht mehr viel liegt.

Hesse schreibt dazu, die Welt habe sich in den Kopf gesetzt, ihn mit Preisen, Gratulationen, Dissertationen und Briefen vollends zu Tode zu steinigen. Doch die es tun, sollten vom Opfer nicht auch noch Dankbarkeit erwarten. (GB4-475)

... und böse Zungen

Am 9. Juli 1958 erscheint im *SPIEGEL* ein anonymer Artikel über Hermann Hesse: Unter dem Titel *Im Gemüsegarten* steht neben vielen anderen dummen Behauptungen und sachlichen Fehlern zu lesen, er habe es zeit seines Lebens abgelehnt, klare und direkte Äußerungen zu aktuellen Problemen der Politik zu geben. Tatsächlich erinnert der Artikel an die übelsten Jauchekübel, die sich seit 1914 über Hesse ergossen haben. Immerhin war Hesse hellsichtig genug gewesen, schon im *Steppenwolf* (1927) den heraufziehenden 2. Weltkrieg mahnend an die Wand zu malen.

Über diesen Artikel meint er lediglich: *Bei dieser Zeitung ist es Tradition, daß jede Woche ein Prominenter abgeschlachtet wird. Nun war eben ich mal an der Reihe.* (GB4-469) Und an anderer Stelle schreibt er: *Daß in Deutschland, das sich wieder stark und kriegerisch fühlt, wieder Schmähartikel über mich erscheinen, ist nach den übermäßigen Ehrungen und Feiern beinahe erfrischend.* (GB4-317)

Am 2. Juli 1962 – an seinem 85. Geburtstag – wird er Ehrenbürger von Montagnola. Hermann Hesse stirbt am 9. August 1962. Sein Grab befindet sich auf dem Friedhof von Sant' Abbondio unterhalb Montagnolas an der Straße nach Lugano.

Hermann-Hesse-Platz in Calw

Aus einem Brief von 1946:
... einst, noch im Anfang des ersten Krieges, wurde im Calwer Gemeinderat der Vorschlag laut, eine Straße nach mir zu nennen, aber es waren kluge Leute da, die damals schon witterten, daß ich bald kein Schmuckstück mehr, sondern ein Schandfleck sein könnte, wie es ja auch eintraf, und man verzichtete auf das Projekt ...
(HH, Gesammelte Werke, Briefe von HH, 10.–12. Aufl. 1954; S.248):

Hermann Hesse ist seit Juli 1947 Ehrenbürger seiner Geburtsstadt.

(Foto: H. Oberst)

Wer innerhalb gewisser Grenzen
Die edle Poesie betreibt,
Der ahnt oft nicht die Konsequenzen,
Die er auf sich herniederschreibt.
(1959) (GB4-475)

„Fleißige Reimerei"

In dem oben erwähnten *SPIEGEL*-Artikel vom 9. Juli 1958 wird u.a. auch der Romanist Ernst Robert Curtius († 1956) zitiert: Hesses reichlich strömende Lyrik sei auf langen Strecken hin fleißige Reimerei, viele seiner Gedichte seien nur versifizierte Prosa mit störenden Füllwörtern.

Auch hier kann sich das Publikum im Nachlass von ungefähr 1 400 Gedichten ein eigenes Urteil bilden. 1902 schreibt Hesse in einem Brief, Lyrik schreibe man für sich selbst und ohne an irgendwelche Leser zu denken. (GB1-87)

Andererseits meint er dreißig Jahre später, in der Dichtung müsse jenes Wunder zustande kommen, dass sowohl die Sprache als auch die eigenen Bilder den anderen zumindest assoziativ verständlich seien. (GB2-428) Im Übrigen dürfe man Gedichte nicht in derselben Weise nach ihrem Sinn fragen wie Verstandesaussagen. Ihre Sphäre sei die magische, kindliche, musikalische, und jedes seiner Gedichte sei ohnehin ein Traum. (GB3-51)

Hesse fühlte sich als Lyriker nicht anerkannt und fand, dass seine Prosa-Dichtung stark überschätzt werde. Und das, obwohl ihm ein gutes Gedicht lieber sei als drei Romane.

So berichtet Hesse seinem Sohn Martin im April 1940, er sei tagelang damit beschäftigt gewesen, einem Gedicht eine bessere Fassung zu geben, und stellt gleichzeitig die Frage, wie er dazu komme, *sich um seine paar Verschen solche Sorgen zu machen und die Zeit zu vertun,* während die Welt drumherum in Splitter geschossen werde:

Daß der Dichter so seine Wörtchen klaubt und setzt und auswählt, mitten in einer Welt, die morgen vielleicht zerstört sein wird, das ist genau das Gleiche, was die Anemonen und Primeln und andern Blümchen tun, die jetzt auf allen Wiesen wachsen. Mitten in einer Welt, die vielleicht morgen mit Giftgas überzogen ist, bilden sie sorgfältig ihre Blättchen und Kelche, mit fünf oder vier oder sieben Blumenblättchen, glatt oder gezackt, alles genau und möglichst hübsch. (GB3-152/153)

Und Anfang 1942 erreicht Hesse der Brief eines Maurers mit der Frage: *„Wie wäre es, wenn wir die Bilder und Gedanken der Dichter einmal nicht als Spaß, sondern als Ernst nehmen würden, wenn wir annehmen würden, daß sie vielleicht Recht haben und mehr von der Wahrheit wissen als die Redakteure, Generäle und Diktatoren?“* (GB3-204)

Das folgende Gedicht ist im November 1938 entstanden unter dem Eindruck des offenen Terrors gegen jüdisches Leben und jüdische Kultur im Herrschaftsbereich der Nationalsozialisten.

Nachtgedanken

Wir Menschen schlagen einer den andern tot,
Zucken gierig zwischen Geburt und Grab,
Beben in Furcht und lodern in Leidenschaft rot,
Kriechen vor Herrschern, die unsere Angst uns gab,
Hören auf Fabeln vom kommenden Glück,
Opfern ewig das Heut dem Morgen,
Leben ruhlos und ungeborgen,
Blicken mit Neid auf ferne Zeiten zurück.
Zwischen Künftig und Einst, zwei Paradiesen,
Ist uns die Hölle zum Wohnort gewiesen
Und wir bemühn uns, dem Höllenleben
Ein Scheinziel und einen Scheinsinn zu geben,
glauben zu wissen, daß nie eine Zeit
So verzweifelt wie unsre, so grausam gewesen,
Fühlen den Tod so nah und das Glück so weit,
Sehnen uns grimmig nach Reinheit, nach Licht,
nach Genesen.

Aber unter uns treulich hält stand die Erde,
Waltet mütterlich-stumm Natur,
Spricht in Same und Knospe ihr ewiges Werde.
Schreien wir ängstliche Kinder – sie lächelt nur.

Sieh, und über uns, lächelnd nicht minder,
Wartet die Gnade, die Zuflucht, wartet der Geist
Voll Versprechung und Trost seiner irrenden Kinder,
Deren er viele zurück zur Mutter weist,
Während er andre hinauf ins Lichte nimmt.
Zwischen den ewigen Beiden, Erde und Geist,
Zwischen Mutter- und Vaterwelt blüht,
Seele der Welt, das Wunder der Liebe empor,
Das zum Einklang den wirren Weltlärm stimmt,
Unsern Frost mit seinem Zauber durchglüht
Und uns, Brüder, ordnet zum heiligen Chor.

Freund, der du leidest und ohne Hoffen
Deine finstere Straße gehst,
Dir auch stehen die Gnaden der Liebe offen.
Während du einsam, so scheint dir, im Leeren stehst,
Von den Schrecken der grausamen Welt umgeben,
Ohne Glück, ohne Sinn, ohne Herz und Leben,
Warten überall leidende Brüder auf dich.
Öffne die Augen, erkenne, und schenke dich
Hin den andern! Hast du nicht Brot,
Hast nicht Trost und Rat den Armen zu geben,
Gib ihnen dich, gib dein Leid, deine eigene Not,
Sprich mit ihnen, die sich gleich dir verschließen,
Laß durchs Wort, durch Blick und Gebärde
Liebe herein, und die alte, wartende Erde
Wird dir, und es wird dir der Vater Geist
Seinen Sinn und die ewigen Kräfte erschließen,
Du wirst Heimat im Chaos entdecken,
Und es werden die sinnlosen Schrecken
Schaubar, tragbar, deutbar: mitten im Rachen
Deiner Hölle wirst du zum Leben erwachen.

Kurzer Blick in die Werkgeschichte

Eine Auswahl

1899: Romantische Lieder; Eine Stunde hinter Mitternacht

1901: Hinterlassene Schriften und Gedichte von Hermann Lauscher

1904: Peter Camenzind

1906: Unterm Rad

1907: Diesseits, *Erzählungen*

1910: Gertrud, *Roman*

1912: Umwege, *Erzählungen*

1913: Aus Indien, *Berichte*

1914: Roßhalde, *Roman*

1915: Drei Geschichten aus dem Leben Knulps

1919: Zarathustras Wiederkehr; Märchen; Demian

1920: Gedichte des Malers; Klingsors letzter Sommer; Wanderung

1921: Blick ins Chaos; Ausgewählte Gedichte

1922: Siddhartha, *eine indische Dichtung*

1923: Sinclairs Notizbuch

1925: Kurgast

1927: Die Nürnberger Reise; Der Steppenwolf

1928: Betrachtungen; Krisis

1930: Narziß und Goldmund, *Erzählung*

1932: Die Morgenlandfahrt, *Erzählung*

1943: Das Glasperlenspiel

1954: Piktors Verwandlungen, *ein Märchen*

Die Bücher der Dichter bedürfen weder der Erklärung noch der Verteidigung,
sie sind überaus geduldig und können warten,
und wenn sie etwas wert sind, dann leben sie meistens länger als alle die,
die über sie streiten. ([Brief, 1951] GW11-79)

Lesezeichen

In einer Welt, die hauptsächlich vom Kopf regiert wird, verstehen sich wenige auf die Kunst, sich auf ein Buch genauso einzulassen wie Kinder auf das wechselvolle Spiel der Sommerwolken. Wer aber nicht fähig ist, sich allein der Sprache und den Bildern hinzugeben, ohne zu fragen und ohne offene Türen einzurennen, verpasst das Beste, was ein Dichter zu geben hat.

Wer die Werke der Dichter partout nach *Sinn* und *Absicht* sezieren will, sollte sich dabei aber zumindest die Bedingungen vergegenwärtigen, unter denen ein Buch entstanden ist. Dazu dienen die zuvor geschilderten biografischen Einzelheiten genauso wie die zeitgeschichtlichen Daten, welche auf Seite 64 aufgeführt sind. Weitere Hintergrundinformationen zu den behandelten Werken sind im Folgenden an Ort und Stelle zu finden.

Bei Hesses Werken ist man beim Durchleuchten außerdem leicht versucht, sich allzu sehr mit dem *Bühnenbild* auseinanderzusetzen und darüber das eigentliche *Stück* nur am Rande wahrzunehmen. Das wird nicht nur bei *Demian* und beim *Steppenwolf* deutlich. Sondern auch in *Narziß und Goldmund* geht es in erster Linie um *Seelenerlebnisse* und nicht um das Mittelalter, welches dort den Hintergrund bildet.

Letztendlich spricht Hesse zum Einzelnen und nie zur Masse. So kann jede Deutung seiner Schriften immer nur eine persönliche sein und jeder Weg zu Hesses Werk nur ein individueller. Die folgenden Ausführungen sind also ausschließlich in diesem Sinn zu verstehen. Jede Leserin und jeder Leser muss sich *ein eigenes Bild* von Hermann Hesse machen.

Peter Camenzind (1904)

In aller Kürze

Peter Camenzind stammt aus dem Schweizer Dorf Nimikon, in dem drei Viertel der Bewohner diesen Familiennamen tragen. Ein Pater erkennt Peters Begabung und überredet den alten Camenzind, den Jungen in die Klosterschule zu schicken.

Auf dem Gymnasium findet Peter Zugang zur Welt der Literatur. Er schreibt Gedichte und kleine Erzählungen, die er schließlich jedoch verbrennt. Ein Hang zu grundloser Schwermut trübt die Schulzeit. Außerdem verliebt er sich zum ersten Mal. Und während der junge Camenzind die Ferien zwischen Schulabschluss und Studienbeginn im Heimatdorf verbringt, stirbt die Mutter.

In Zürich beginnt Peter mit dem Studium der Philologie. Er möchte Schriftsteller werden und lernt Richard kennen, mit dem ihn bald eine enge Freundschaft verbindet. Richard stellt ihm nicht nur die Malerin Erminia Aglietti vor – in welche sich Peter unglücklich verliebt –, der junge Musiker macht Camenzind auch als Schriftsteller bekannt, indem er insgeheim dessen Manuskripte abschreibt und verschiedenen Redaktionen zur Veröffentlichung anbietet.

Zum krönenden Abschluss der Studentenzeit fahren die beiden Freunde in die Toskana. Nach der Reise trennen sie sich am Zürcher Bahnhof. Zwei Wochen später ertrinkt Richard beim Baden.

Danach versucht sich Peter als Korrespondent in Paris, führt ein ausschweifendes Leben, welches ihn bald anwidert, kehrt in die Schweiz zurück und lässt sich in Basel nieder.

In seiner gedrückten Stimmung sucht er Anschluss an die Familie eines Gelehrten, lernt dessen Tochter Elisabeth kennen, verliebt sich in sie, denkt an Heirat und muss erfahren, dass sie schon verlobt ist.

Peter flieht zunächst zurück ins Heimatdorf zum Vater. Später reist er noch mal nach Assisi, um auf den Spuren des heiligen Franziskus zu wandeln, den er schon vor seiner ersten Italienreise verehrt hat.

Seine italienische Hauswirtin – eine 34-jährige Witwe – verliebt sich in den jungen Schriftsteller. Peter kann ihre Liebe nicht erwidern. Die beiden trennen sich jedoch im Guten und Peter fährt nach geraumer Zeit wieder nach Basel zurück. Elisabeth ist inzwischen verheiratet.

Camenzind findet Anschluss an die Familie eines Schreiners. Doch als dieser Handwerker den Schwager Boppi – einen von Geburt an Behinderten – aufnehmen muss, kommt Peter in Gewissenskonflikte: Er kann den Anblick des Verkrüppelten nicht ertragen. Und dies geschieht nun ausgerechnet einem erklärten Anhänger des heiligen Franziskus!

Zunächst meidet Peter das Haus des Schreiners und überlegt, wie er sich den *Krüppel* vom Hals schaffen könne. Es müsse doch möglich sein, ihn in irgendein Spital abzuschieben. Schließlich siegt das Vorbild seines Lieblingsheiligen: Peter lernt Boppi näher kennen und ist fasziniert von dessen Lebensweisheit: Dieser *Lebensuntüchtige* kennt das Leben besser als Camenzind selbst!

Am Ende nimmt er den Behinderten zu sich und lebt mit ihm zusammen, bis Boppi in Peters Armen stirbt. Camenzind kehrt zurück zu Vater und Dorf, kehrt den Städtern und deren intellektuellen Scheinwelt den Rücken. Der ehemalige Lateinschüler denkt daran, die Dorfkneipe zu übernehmen – allerdings nicht, solange sein trinkfreudiger Vater noch lebt.

Peters Fazit: *Wenn ich nun meine Fahrten und Lebensversuche beschaue und überdenke, freut und ärgert es mich, die alte Erfahrung auch an mir erlebt zu haben, daß die Fische ins Wasser und die Bauern aufs Land gehören und daß aus einem Nimikoner Camenzind trotz aller Künste kein Stadt- und Weltmensch zu machen ist.* (GW1-493)

Hintergrund und Echo

Hesses *Camenzind* findet großen Widerhall in einer Zeit, die von der selbstherrlichen Regentschaft Wilhelms II. geprägt ist. Um 1900 entstehen Jugendbewegungen wie *der Wandervogel,* die in der Hinwendung zur Natur einen Ausweg suchen. Vor diesem Hintergrund wird Hesses Roman vor allem durch seine großartigen Naturschilderungen zum *Modebuch,* was Hesse nie gewünscht hat und selbst für übertrieben hält. Denn die Hauptperson ist – wie ihr Schöpfer – Einzelgänger und nicht für ein Leben im Kollektiv geschaffen.

Manche Kritiker halten den Roman – der innerhalb von fünf Jahren eine Auflage von 50 000 erreicht und bis 1977 weit über 600 000-mal verkauft wird – für maßlos überschätzt und werfen Hesse vor, er habe die Handlung aus Gottfried Kellers *Grünem Heinrich* abgeschrieben. Sein Horizont reiche dabei nicht weiter als bis zum nächsten Kirchturm. Und schließlich könne er mit seiner himmelblauen Harmlosigkeit und seinem Naturburschentum nur als tüchtiger Volksschriftsteller gerühmt werden. Andere hingegen erkennen das Buch als Entwicklungsroman an und sehen darin Hesses eigenen Lebensweg geschildert.

Hesses Anliegen war es wohl, der Gesellschaft ein Individuum gegenüberzustellen, das versucht, seine Isolierung zu überwinden. In diesem Zusammenhang schildert er neben der Liebe zur Natur die eigene Entwicklung von der Hinwendung zu konkreten Personen zur Nächsten- und Menschenliebe, wie sie sein Vorbild Franz von Assisi vorgelebt hat.

Auszüge

Über Peters Beziehung zum Vater schreibt Hesse Folgendes:

Ungefähr alle paar Wochen aber nahm er mich bei der Hand und verschwand stillschweigend mit mir auf dem über dem Stall gelegenen Heuboden. Dort vollzog sich alsdann ein seltsamer Straf- und Sühneakt: ich bekam eine Tracht Prügel, ohne daß der Vater oder ich selbst genauer gewußt hätte, wofür. Es waren stille Opfer am Altar der Nemesis, und sie wurden ohne Schelten seinerseits oder Geschrei meinerseits dargebracht als schuldiger Tribut an eine geheimnisvolle Macht. Immer, wenn ich in späteren Jahren einmal vom „blinden“ Schicksal reden hörte, fielen diese mysteriösen Szenen mir wieder ein und schienen mir eine überaus plastische Darstellung jenes Begriffs zu sein. Ohne es zu wissen, befolgte mein guter Vater dabei eine schlichte Pädagogik, die das Leben selbst an uns zu üben pflegt, indem es und hie und da ein Donnerwetter sendet, wobei es uns überlassen bleibt, darüber nachzusinnen, durch was für Missetaten wir eigentlich die oberen Mächte herausgefordert haben. (GW1-352/353)

Über das Verhältnis des Menschen zur Natur erfahren wir:

Viele sagen, sie „lieben die Natur“. Das heißt, sie sind nicht abgeneigt, je und je ihre dargebotenen Reize sich gefallen zu lassen. Sie gehen hinaus und freuen sich über die Schönheit der Erde, zertreten die Wiesen und reißen schließlich eine Menge Blumen und Zweige ab, um sie bald wieder wegzuwerfen oder daheim verwelken zu sehen. So lieben sie die Natur. Sie erinnern sich dieser Liebe am Sonntag, wenn schönes Wetter ist, und sind dann gerührt über ihr gutes Herz. Sie hätten es ja nicht nötig, denn „der Mensch ist die Krone der Natur“. Ach ja, die Krone! (GW1-432)

Ich hatte, wie man weiß, den Wunsch, in einer größeren Dichtung den heutigen Menschen das großzügige, stumme Leben der Natur nahe zu bringen und lieb zu machen. Ich wollte sie lehren, auf den Herzschlag der Erde zu hören, am Leben des Ganzen teilzunehmen und im Drang ihrer kleinen Geschicke nicht zu vergessen, daß wir nicht Götter und von uns selbst geschaffen, sondern Kinder und Teile der Erde und des kosmischen Ganzen sind. Ich wollte daran erinnern, daß gleich den Liedern der Dichter und gleich den Träumen unsrer Nächte auch Ströme, Meere ziehende Wolken und Stürme Symbole und Träger der Sehnsucht sind, welche zwischen Himmel und Erde ihre Flügel ausspannt und deren Ziel die zweifellose Gewißheit vom Bürgerrecht und von der Unsterblichkeit alles Lebenden ist. (...) Ich wollte erreichen, daß ihr euch schämet, von ausländischen Kriegen, von Mode, Klatsch, Literatur und Künsten mehr zu wissen als vom Frühling, der vor euren Städten sein unbändiges Treiben entfaltet, und als vom Strom, der unter euren Brücken hinfließt, und von den Wäldern und herrlichen Wiesen, durch welche eure Eisenbahn rennt.

(GW1-452/453)

Unterm Rad (1906)

In aller Kürze

Nach mühsam bestandenem Examen trifft der vierzehnjährige Hans Giebenrath im evangelischen Seminar des Klosters Maulbronn ein und lernt den Mitschüler Hermann Heilner kennen, mit dem ihn bald eine enge Freundschaft verbindet. Hans gilt zunächst als Musterschüler, fällt aber in Ungnade, weil er sich weigert, die Freundschaft mit Heilner zu beenden, dessen schlechten Einfluss die Lehrer beklagen.

Als man Hermann Heilner den Kontakt zu Hans verbietet, flieht der Tunichtgut aus der Klosterschule, wird wieder eingefangen und aus dem Seminar verbannt. Hans Giebenrath – dessen latente Nervenschwäche aufgrund hoffnungsloser Überforderung inzwischen akut wird – versagt in der Schule vollends und wird nach Hause geschickt. Dort trägt er sich mit Selbstmordgedanken und verliebt sich zu allem Übel auch noch unglücklich. Schließlich beginnt er eine Mechanikerlehre. Nach einer Zechtour mit den neuen Kollegen kommt er nicht zu Hause an, sondern wird am nächsten Tag tot aus einem Fluss geborgen.

Hintergrund und Echo

Unterm Rad ist vor allem eine Anklage gegen autoritäre Strukturen in der Erziehung, wie sie Hesse selbst erlebt hat, und nicht gegen die Schule an sich. Zwar hat die Schule, wie Hesse behauptet, viel an ihm kaputt gemacht und er selbst hat dort nach eigenen Angaben *nur Latein und Lügen* gelernt. Trotzdem hält er persönlich jeden Lehrer, der seinen Beruf als Auftrag versteht, den Schülern Vorbild zu sein und sie aufs Leben vorzubereiten, für einen Helden. Dieses Thema findet man letztendlich im *Glasperlenspiel* meisterhaft ausgebreitet.

Der Stoff von *Unterm Rad* ist autobiografisch. Wahrscheinlich ist der Name *Hans Giebenrath* eine Hommage an Hesses jüngeren Bruder Hans, der nicht so widerstandsfähig war, noch schwerer an der Schule gelitten hat und *unterm Rad geblieben ist,* wie es Hesse später einmal formulierte.*

** Hermann Hesses Bruder Hans hat sich 1935 das Leben genommen.*

Der achtundzwanzigjährige Autor stellt verschiedene Aspekte wirklicher Personen an unterschiedlichen Persönlichkeiten im Roman dar. So verkörpern zum Beispiel die beiden Seminaristen Hans Giebenrath – *der Strebsame* – und Hermann Heilner – *der Dichter und Rebell* – unterschiedliche Wesenszüge des jungen Hermann Hesse. Solche *Doppelgänger* tauchen oft in Hesses Werken auf. So findet man im *ehrgeizigen* Roman-Vater Josef Giebenrath genauso wie in der Darstellung des *liebevollen* Schuhmachers und Pietisten Flaig Charaktermerkmale des Vaters Johannes Hesse wieder.

Die zeitgenössische Kritik meinte, *Unterm Rad* stehe künstlerisch hinter *Peter Camenzind* zurück und sieht Parallelen zu *Freund Hein* von Emil Strauß. Uneinigkeit besteht vor allem über Hans Giebenraths Tod. Denn Hesse lässt es im Unklaren, ob es sich um Selbstmord oder um einen Unfall handelt, was für die Aussage des Werks aber völlig unerheblich ist.

Auszüge

Unterm Rad ist Hesses Versuch, sich selbst und der Welt sein Scheitern im Seminar Maulbronn zu erklären. Der Roman ist aber nicht nur eine Anklage gegen eine unmenschliche Bildungsmaschinerie, sondern stellt autoritäre Strukturen in der Erziehung grundsätzlich in Frage. Unmissverständlich übt er Kritik:

Es war etwas in ihm [Hans Giebenrath], etwas Wildes, Regelloses, Kulturloses, das mußte erst zerbrochen werden, eine gefährliche Flamme, die mußte erst gelöscht und ausgetreten werden. Der Mensch, wie ihn die Natur erschafft, ist etwas Unberechenbares, Undurchsichtiges, Gefährliches. Er ist ein von unbekanntem Berge herbrechender Strom und ist ein Urwald ohne Weg und Ordnung. Und wie ein Urwald gelichtet und gereinigt und gewaltsam eingeschränkt werden muß, so muß die Schule den natürlichen Menschen zerbrechen, besiegen und gewaltsam einschränken; ihre Aufgabe ist es, ihn nach obrigkeitlicherseits gebilligten Grundsätzen zu einem nützlichen Gliede der Gesellschaft zu machen und die Eigenschaften in ihm zu wecken, deren völlige Ausbildung alsdann die sorgfältige Zucht der Kaserne krönend beendigt. (GW2-50)

Schonungslos enthüllt Hesse auch den Zynismus der Erwachsenen gegenüber Kindern:

Einen toten Schüler blicken die Lehrer stets mit ganz anderen Augen an als einen lebenden, sie werden dann für einen Augenblick vom Wert und von der Unwiederbringlichkeit jedes Lebens und jeder Jugend überzeugt, an denen sie sich sonst so häufig sorglos versündigen. (GW2-92)

Ein weiteres zentrales Thema des Romans ist der Abschied von der Kindheit, der sich um so schmerzhafter vollzieht, wenn dieser Bruch – wie es Hesse selbst empfunden hat – vorzeitig herbeigeführt wird:

Warum hatte er in den empfindlichsten und gefährlichsten Knabenjahren täglich bis in die Nacht hinein arbeiten müssen? Warum hatte man ihm seine Kaninchen weggenommen und ihn den Kameraden in der Lateinschule mit Absicht entfremdet, ihm Angeln und Bummeln verboten und ihm das hohle, gemeine Ideal eines schäbigen, aufreibenden Ehrgeizes eingeimpft? Warum hatte man ihm selbst nach dem Examen die wohlverdienten Ferien nicht gegönnt? Nun lag das überhetzte Rößlein am Weg und war nicht mehr zu brauchen. (GW2-117/118)

Der Roman endet mit einer bitteren Anklage gegen all jene, die nur *sein Bestes* gewollt und durch das *geistige Mästen* eine Kinderseele zerschunden haben. Als sich die Trauergesellschaft am Grab des jungen Giebenrath langsam auflöst, sagt Schuhmacher Flaig:

„Dort laufen ein paar Herren, (...), die haben auch mitgeholfen, ihn so weit zu bringen.“ (GW2-178)

Hesse über seinen Schülerroman

In der Geschichte und Gestalt des kleinen Hans Giebenrath, zu dem als Mit- und Gegenspieler sein Freund Heilner gehört, wollte ich die Krise jener Entwicklungsjahre darstellen und mich von der Erinnerung an sie befreien, und um bei diesem Versuche das, was mir an Überlegenheit und Reife fehlte, zu ersetzen, spielte ich ein wenig den Ankläger und Kritiker jenen Mächten gegenüber, denen Giebenrath erliegt und denen einst ich selber beinahe erlegen wäre: der Schule, der Theologie, der Tradition und Autorität.

Der Hohenacker See bei Maulbronn. Hier hielt sich Hermann Hesse als Seminarist oft auf. Dieser See spielt auch eine Rolle in seinem Schülerroman „Unterm Rad“. (Foto: H. Oberst)

Wie gesagt, es war ein verfrühtes Unternehmen, auf das ich mich mit meinem Schülerroman einließ, und es ist denn auch nur sehr teilweise geglückt. So hatte ich, als später das einst viel umstrittene Buch in Vergessenheit geriet – es ist seit sehr vielen Jahren aus dem Buchhandel verschwunden –, wenig dagegen, daß mein kleiner Schulroman der Kritik und mir selbst sachte aus den Augen geraten war, und ließ es gern dabei bewenden.

*Aber, ob geglückt oder nicht, das Buch enthielt doch ein Stück wirklich erlebten und erlittenen Lebens, und solch ein lebendiger Kern vermag zuweilen nach erstaunlich langer Zeit und unter völlig anderen, neuen Umständen wieder wirksam zu werden und etwas von seinen Energien auszustrahlen.** Begegnungen mit Vergangenem (1953) (GW10-352/353)

Hesse war übrigens fest davon überzeugt, dass man nur über Dinge schreiben könne, die man auch selbst erlebt habe.

* *s. S. 56 – Hesses Wirkung in Japan.*

Ach, das weiß ich heute: nichts auf der Welt ist dem Menschen mehr zuwider, als den Weg zu gehen, der ihn zu sich selber führt! (GW5-48)

Demian (1919)

In aller Kürze

Das Buch schildert die Entwicklung des Emil Sinclair von ca. 1905 bis 1915 zwischen dessen 10. und 20. Lebensjahr.

Im Alter von zehn Jahren erlebt Emil Sinclair die Welt als zweigeteilt in Hell und Dunkel, Gut und Böse. Das Elternhaus verkörpert die Welt des Lichts. Alles darüber hinaus Existierende gehört *der Welt der Dunkelheit mit all ihren Schrecknissen und Verlockungen an*. Und diese Welt beginnt für Emil schon im zwielichtigen Hausflur.

Durch die Lügengeschichte um einen angeblich gestohlenen Sack Äpfel wird Sinclair Teil dieser dunklen Welt. Er verstrickt sich in ein Gespinst von Diebstahl und weiteren Lügen, wird von seinem Peiniger Franz Kromer aufs übelste gemobbt – eine seelische Folter, aus der ihn erst der ältere Mitschüler Max Demian erlöst. Dies ist der Beginn ihrer Freundschaft.

Zwar kann Sinclair seinem Vater, der um das veränderte Wesen des Sohnes besorgt gewesen ist, nun beichten, was vorgefallen war, findet Trost und fühlt sich wieder in der Welt des Lichts aufgenommen. Doch der Riss zwischen ihm – dem das *Kainsmal der Erbsünde* anhaftet – und dem frommen Vater wird sich nie mehr schließen.

Zu alledem stellt Demian Sinclairs (Vater-)Welt auf den Kopf, indem er zum Beispiel die Charakterstärke jenes Verbrechers lobt, welcher seine Taten nicht bereut hat, als er zusammen mit Jesus gekreuzigt worden ist, sondern so starb, wie er gelebt hatte.

Schließlich macht die erwachende Sexualität Sinclair empfänglich für ein geradezu revolutionäres Gottesbild: Abraxas – eine Gottheit, die alle Gegensätze – Gott und Satan – helle und dunkle Welt – in sich vereint und versöhnt!

Doch nicht nur die Begegnung mit Max Demian lässt den jungen Sinclair mehr und mehr seiner selbst bewusst werden und an den Lebenskonflikten wachsen, sondern eine ganze Reihe weiterer realer oder auch imaginärer Persönlichkeiten treten in sein Leben, werden Anteile seiner eigenen Persönlichkeit und tragen zu Emils Selbstfindung bei.

Hintergrund und Echo

Demian handelt vom Kampf eines Menschen um seine Entwicklung als Individuum und vom Entstehen einer Persönlichkeit im Spannungsfeld zwischen dem Drang nach Selbstfindung und den Forderungen der Gesellschaft nach Anpassung.

Im Zusammenhang mit seiner Psychoanalyse (s.S. 18) hat Hesse Carl Gustav Jungs Auffassungen vom persönlichen und kollektiven Unbewussten kennen gelernt und sich gründlich mit Jungs Auffassungen von den Archetypen und Symbolen der Menschheit beschäftigt. In *Demian* finden sich zahlreiche Spuren der Auseinandersetzung mit diesem Thema.

Für das Deuten der Symbole und Traumbilder in *Demian* ist das Begriffspaar *Anima* und *Animus* wichtig: Jung bezeichnet damit unbewusste Anteile der männlichen bzw. weiblichen Psyche. So sei die *Anima* der weibliche Anteil der männlichen Psyche und umgekehrt. Dies ist ein Schlüssel nicht nur zu Sinclairs Traum in *Demian,* sondern auch wichtig für die Beziehung zwischen Max Demian und Emil Sinclair sowie für das Verständnis von Hesses Werken insgesamt.

Daneben verwendet Hesse in *Demian* viele biblische Motive genauso wie vorchristliche Mythen und Gottesbilder. Auch Friedrich Nietzsches Einfluss wird deutlich.

Weil Hesse weiß, dass der Roman unter seinem Verfassernamen in Deutschland erst gar nicht gelesen würde, erscheint das Buch 1919 unter dem Pseudonym *Emil Sinclair* und trifft mitten im Zusammenbruch des Kaiserreichs den Nerv der Zeit: Viele, die auf der Suche nach neuen Werten sind, empfinden Sinclairs Entwicklungsgeschichte als ihre eigene. Entsprechend wird das Buch von der Kritik gelobt und allein bis 1925 werden über 70 000 Exemplare verkauft (bis 1977 über 500 000). Der vermeintliche Urheber *Emil Sinclair* bekommt als Nachwuchsschriftsteller sogar den Fontane-Preis, den Hermann Hesse jedoch zurückgibt, als seine Autorschaft bekannt wird. Hesse meint dazu, er wäre lieber anonym geblieben und gäbe am liebsten jedes neue Werk unter einem neuen Pseudonym heraus. Er sei ja nicht *Hesse,* sondern er sei *Sinclair, Klingsor, Klein* etc. und würde noch manches sein. (GB1-443)

Auszüge

In jedem ist der Geist Gestalt geworden, in jedem leidet die Kreatur, in jedem wird ein Erlöser gekreuzigt. (GW5-8)

Nur das Denken, das wir leben, hat einen Wert. (GW5-64)

Ich wollte ja nichts als das zu leben versuchen, was von selber aus mir heraus wollte. Warum war das so sehr schwer? (GW5-95/96)

Wir ziehen die Grenzen unserer Persönlichkeit immer viel zu eng! Wir rechnen zu unserer Person immer bloß das, was wir als individuell unterschieden, als abweichend erkennen. Wir bestehen aber aus dem ganzen Bestand der Welt, jeder von uns, und ebenso wie unser Körper die Stammtafeln der Entwicklung bis zum Fisch und noch viel weiter zurück in sich trägt, so haben wir in der Seele alles, was je in Menschenseelen gelebt hat. Alle Götter und Teufel, die je gewesen sind, sei es bei den Griechen und Chinesen oder bei den Zulukaffern, alle sind mit in uns, sind da, als Möglichkeiten, als Wünsche, als Auswege. ... (GW5-105)

Wenn wir einen Menschen hassen, so hassen wir in seinem Bild etwas, was in uns selber sitzt. Was nicht in uns selber ist, das regt uns nicht auf. (GW5-112)

Wissen kann man mitteilen, Weisheit aber nicht. (GW5-462)

Siddhartha (1922)

Die Vorlage

Nach buddhistischer Überlieferung – die den Rahmen von Hesses *indischer Dichtung* bildet – war Buddha ein Fürstensohn aus Nordindien namens Siddhartha. Er wurde später auch Gotama genannt. Siddhartha wuchs wohlbehütet in Prunk und Reichtum auf, ahnte nichts von Leid, Krankheit und Tod, liebte seine Frau heiß und innig und hatte einen Sohn mit ihr. Erst durch die Begegnung mit einem gebrechlichen Alten, einem leidenden Kranken und einem Toten, den man zu Grabe trug, erfuhr er von der Vergänglichkeit der Welt. Und als er dann noch einen Bettelmönch kennen lernte, der allen irdischen Genüssen entsagt hatte, entschloss sich der junge Prinz, diesem Beispiel zu folgen.

Heimlich verließ Siddhartha Familie, Vaterhaus und Reichtum, wurde Einsiedler und lebte zunächst sieben Jahre in einem Wald. Aber weder das Fasten noch alle anderen Entsagungen erfüllten ihn. Siddhartha Gotama blieb unzufrieden, bis ihm eines Nachts unter einem Feigenbaum die Erleuchtung zuteil wurde: Ein Leben in Überfluss sei genauso weit vom richtigen Weg entfernt wie ein Leben in Armut und freiwilligem Leid. Der richtige Weg liege in der Mitte. Und der Weg zur Erleuchtung des Geistes führe durch die Versenkung in sich selbst. Von da an verbrachte er vierzig Jahre damit, seine Lehre zu predigen und seine Anhänger zu unterweisen.

Siddhartha in aller Kürze

Der Brahmanensohn Siddhartha ist unzufrieden mit sich und der Welt. Nach einem Kräftemessen mit dem Vater verlässt er zusammen mit Freund Govinda das Elternhaus und schließt sich einer Gruppe von Asketen an, um Antwort auf die drängende Frage nach dem Sinn des Lebens zu bekommen.

Zu diesem Zweck versucht Siddhartha zunächst, sein Ich zu überwinden: *Ein Ziel stand vor Siddhartha, ein einziges: leer werden, leer von Durst, leer von Wunsch, leer von Traum, leer von Freude und Leid. Von sich selbst wegsterben, nicht mehr Ich sein, entleerten Herzens Ruhe zu finden, im entselbsteten Denken dem Wunder offen zu stehen, das war sein Ziel. Wenn alles Ich überwunden und gestorben war, wenn jede Sucht und jeder Trieb im Herzen schwieg, dann mußte das Letzte erwachen, das Innerste im Wesen, das nicht mehr Ich ist, das große Geheimnis.* (GW5-364)

Eines Tages geht die Nachricht durchs Land, dass Gotama – der Erleuchtete – für sich das Rad der Wiedergeburten angehalten und Nirwana erlangt habe. Zwar ist Siddhartha voller Zweifel, weil ihm jede Lehre im Grunde widerstrebt, doch sucht er den Erhabenen auf und spricht: *Keinem wird Erlösung zuteil durch Lehre! Keinem, o Ehrwürdiger, wirst du in Worten und durch Lehre mitteilen und sagen können, was dir geschehen ist in der Stunde deiner Erleuchtung.* (GW5-381)

Siddhartha will keine Lehren mehr hören, zieht weiter, lässt seinen Freund Govinda bei Gotama zurück und kommt an einen Fluss. Fährmann Vasudeva setzt ihn über. Bald erreicht Siddhartha eine große Stadt, lernt die Kurtisane Kamala kennen und bittet sie, ihn die Liebe zu lehren. Kamala meint jedoch, er solle sich zuerst schöne Kleider, Schuhe und Geld besorgen, dann dürfe er wiederkommen.

Da er lesen kann, findet Siddhartha Anstellung beim Kaufmann Kamaswami, der bald seinen Wert für sich erkennt. So kommt Siddhartha zu Geld und Reichtum. Und Kamala unterweist ihn wie gewünscht. Doch nach vielen Jahren fühlt der Suchende das eigentliche Leben an sich vorbeifließen und es ergreift ihn die Seelenkrankheit der Reichen. Er beginnt, sich selbst zu verachten, und verlässt die Stadt und Kamala. Die Geliebte bleibt schwanger zurück.

Voll Verzweiflung und dem Selbstmord nahe erreicht Siddhartha denselben Fluss, den er Jahre zuvor überschritten hatte, und schläft an dessen Ufer ein. Als er wieder erwacht, findet er Govinda neben sich. Doch dieser erkennt seinen Jugendfreund nicht auf den ersten Blick. Govinda zieht weiter und Siddhartha beschließt am Fluss bei Vasudeva, dem Fährmann, zu bleiben. Und Siddhartha lernt vom Fluss, selbst die Zeit zu überwinden.

Als Gotama im Sterben liegt, macht sich Kamala mit ihrem Sohn auf den Weg zum Erleuchteten, erreicht den Fluss, wird von einer Schlange gebissen und stirbt in der Hütte des Fährmanns. Siddharthas Sohn bleibt zunächst bei den beiden alten *Bananenfressern*. Doch der Vater findet keinen Weg zum Herzen des Jungen. Und schließlich flieht der Kleine zurück in die Stadt.

Zwar versucht Siddhartha seinem Sohn zu folgen, um ihn zurückzuholen, doch erinnert ihn der Fluss an die einstige Auseinandersetzung zwischen sich selbst und seinem eigenen Vater: *(...) es kam alles wieder, was nicht bis zu Ende gelitten und gelöst ward, (...).* Da hört Siddhartha auf, mit dem Schicksal zu hadern, ergibt sich dem Fluss des Lebens und findet seine Erleuchtung in der Überwindung der Zeit.

Nachdem Vasudeva Siddhartha verlassen und sich in die Wälder zurückgezogen hat, kommt Govinda am Fluss vorbei. Wieder erkennt er Siddhartha zunächst nicht. Und auf die Frage, was der Jugendfreund denn gefunden habe und Govinda mitteilen könne, antwortet Siddhartha: *Wissen kann man mitteilen, Weisheit aber nicht. Man kann sie finden, man kann sie leben, man kann von ihr getragen werden, man kann mit ihr Wunder tun, aber sagen und lehren kann man sie nicht.* (GW5-462/463)

Hintergrund und Echo

In seiner *indischen Dichtung* versucht Hesse eine Synthese von östlichem und westlichem Wesen. Dabei zeigt er das Seelenleben des asiatischen Menschen im Kontrast zum Seelenleben des Europäers. Es geht ihm dabei jedoch nicht darum, eine Weltanschauung gegen die andere auszuspielen, sondern einen eigenen, Europa gemäßen Weg nach innen zu finden.

Ost und West sollen sich nicht mehr als feindliche Mächte bekämpfen, sondern als Pole begreifen, zwischen denen fruchtbares Leben schwingen kann. In diesem Sinn versucht Hesse auch das zu ergründen, was allen Religionen gemeinsam ist, was über allen Kulturen steht und sie verbindet.

Die Kritik ist durchweg positiv und auch beim Publikum ist das Buch ein großer Erfolg: bis 1983 werden allein im deutschsprachigen Raum etwa 1,7 Millionen Exemplare verkauft. In Indien fand *Siddhartha* so große Beachtung, dass das Werk in zwölf indische Sprachen übersetzt wurde.

Wichtige Namen und Begriffe in *Siddhartha*

Atman bedeutet *Atem, Seele;* die Einzelseele im Gegensatz zur Allseele, welche Brahma ist.

Brahma ist auch der höchste Gott des Hinduismus.

Brahmane ist ein Mitglied der indischen Priesterkaste.

Buddha bedeutet *Wissen* und ist der Name, den die Anhänger des Buddha ihrem Vorbild Siddhartha Gotama gaben. (Dieser indischen Tradition hat Gandhi, der durch seine Politk der Gewaltlosigkeit unendlich viel erreicht hat, den Beinamen *Mahatma [große Seele]* zu verdanken.)

Buddhismus ist eine der Weltreligionen. Er entstand etwa im 5. Jahrhundert vor unserer Zeitrechnung als Protest gegen die Kastenherrschaft der Brahmanen. Der Buddhismus lehnt die Kastenherrschaft ab. Das wichtigste Ziel ist die Erlösung jedes einzelnen Menschen vom Leiden durch eigenes Bemühen.

Nirwana bedeutet *Erlösung von der Kette der Wiedergeburten* – dem Leiden – welches die Buddhisten als *Sansara* bezeichnen. Den Weg zur Erlösung beschreiben die *vier erhabenen Wahrheiten:* die Lehre vom Leiden, die Ursachen des Leidens, die Beendigung des Leidens, der Weg zur Beendigung des Leidens. Ursache des Leidens sei die Lebensgier, welche von Wiedergeburt zu Wiedergeburt führe. Erlösung erreiche man durch Auflösung der Gier durch Überwindung des Begehrens. Dahin führe der *achtfache Weg:* richtiger Glauben, richtige Entschlossenheit, richtige Worte, richtige Taten, richtige Lebensführung, richtiges Streben, richtige Gedanken und richtige Betrachtung.

Om ist die *magische Silbe* der hinduistischen Yoga-Atemübung.

Samanas sind *Asketen,* die alles Existierende als Illusion betrachten.

Sansara ist das Gegenteil von *Nirwana.*

Upanischaden sind eine Sammlung von ca. 250 theologisch-philosophischen Abhandlungen aus brahmanischer Zeit. Ein Grundgedanke dieser religiösen Schriften ist der Pantheismus. Sie behandeln die Verschmelzung der Einzelseele Atman mit der Allseele Brahma.

Veden sind eine Sammlung von religiösen Texten (veda = Wissen) aus der vorbrahmanischen Zeit. Sie umfassen neben 1028 Götterhymnen auch Gebetsformeln, Opfergesänge, Lieder und Zauberformeln aus unterschiedlichen Epochen.

Wozu die Menschen da sind, wozu „der Mensch“ da ist, soll uns gar nicht kümmern: aber wozu du da bist, das frage dich: und wenn du es nicht erfahren kannst, nun so stecke dir selber Ziele, hohe und edle Ziele, und gehe an ihnen zu Grunde! Ich weiß keinen besseren Lebenszweck als am Großen und Unmöglichen zu Grunde zu gehen ...

FRIEDRICH NIETZSCHE (1844–1900)

Der Steppenwolf (1927)

Worum geht's im Steppenwolf?

Der Steppenwolf ist die Geschichte eines seelisch Kranken, der um seine Gesundheit – um sein Leben kämpft. Hermann Hesse schildert dieses autobiografische Drama aus verschiedenen Perspektiven: aus der Sicht Harry Hallers (ein Mann Ende Vierzig, der sich als gespaltene Persönlichkeit erlebt), aus der Sicht seines Zimmernachbarn und im *Tractat vom Steppenwolf* aus der Sicht eines scheinbar unbeteiligten Dritten.

Harry Haller spürt zwei Naturen in sich wirken – eine menschliche und eine wölfische – und er empfindet sich als vollkommen außerhalb der bürgerlichen Welt stehend. Solch ein Schicksal ist zwar nichts Außergewöhnliches, doch: *Bei Harry hingegen war es anders, in ihm liefen Mensch und Wolf nicht nebeneinander her, und noch viel weniger halfen sie einander, sondern sie lagen in ständiger Todfeindschaft gegeneinander, und einer lebte dem anderen lediglich zu Leide, und wenn Zwei in Einem Blut und Einer Seele miteinander Todfeind sind, dann ist das ein übles Leben.* (GW7-223f)

Harrys Streben nach Unabhängigkeit führt ihn in gnadenlose Einsamkeit: *... ich hatte sie mir gewünscht und mir erworben in langen Jahren. Sie war kalt, o ja, sie war aber auch still, wunderbar still und groß wie der kalte stille Raum, in dem die Sterne sich drehen.* (GW7-218) Dabei war es gar nicht so, dass Haller keine Freunde hatte. Viele hatten ihn gern, aber er ließ niemand an sich heran: *Bindung entstand nirgends, sein Leben zu teilen war niemand gewillt und fähig.* (GW7-229)

Um sein Leben erträglicher zu machen, beschließt er im Alter von 47 Jahren, sich an seinem fünfzigsten Geburtstag – komme, was wolle – das Leben

*Schon als Welpen an den Kontakt mit Menschen gewöhnt, lässt sich im "Wolf Park" – Battle Ground, Indiana, USA – das Verhalten der Tiere besonders gut studieren. Wer das Projekt unterstützen will, kann einen Wolf adoptieren. Näheres ist unter **www.wolfpark.org** zu erfahren.*

zu nehmen. Diese Gewissheit hält ihn paradoxerweise am Leben. Was er jedoch fürchtet wie der Teufel das Weihwasser, ist die Begegnung mit sich selbst – allein schon der Blick in einen Taschenspiegel bereitet ihm Furcht und Schrecken: Er sieht den Steppenwolf darin, der er nicht sein will, mit dem er sich nicht arrangieren zu können glaubt und der doch ein Teil von ihm ist. Die Krise führt Harry Haller schließlich zur Erkenntnis, dass er nicht nur aus zwei Wesen, sondern aus hunderten, aus tausenden bestehe.

Harry Hallers psychotische Höllentour ist nicht nur eine bildhafte Übertragung der Jung'schen Psychologie ins Reich der Literatur – sie ist auch symbolische Schilderung dessen, was Hesse im Rahmen seiner Psychoanalyse selbst durchlebt hat. Und wie schon in *Demian* ist auch in *Steppenwolf* der Einfluss Nietzsches erkennbar: *Der Mensch (...) ist vielmehr ein Versuch und Übergang, er ist nichts anderes als die schmale, gefährliche Brücke zwischen Natur und Geist.* (GW7-245)

Das Echo

Vor allem in literarischen Kreisen hoch gelobt, erschienen vom *Steppenwolf* bis 1940 allein 40 000 Exemplare, doch keines von Hesses Werken wurde und wird so oft missverstanden. Man sieht in erster Linie den Psychopaten Haller und hat bestenfalls Mitleid mit ihm. Die wenigsten sehen den Weg zur Heilung durch die Hinwendung zum Geist. Dafür lenkte das Buch in den sechziger Jahren völlig unerwartet den Blick auf Hesse, um den es in diesen Jahren sehr still geworden war. Vor allem in Amerika nahm daraufhin ein seltsamer Hesse-Kult bizarre Formen an. (Siehe dazu auch Seite 57.)

Hesse über den Steppenwolf

Ich kann und mag natürlich den Lesern nicht vorschreiben, wie sie meine Erzählung zu verstehen haben. Möge jeder aus ihr machen, was ihm entspricht und dienlich ist! Aber es wäre mir doch lieb, wenn viele von ihnen merken würden, daß die Geschichte des Steppenwolfes zwar eine Krankheit und Krisis darstellt, aber nicht eine, die zum Tode führt, nicht einen Untergang, sondern das Gegenteil: eine Heilung

(aus dem Nachwort zur Schweizer Ausgabe 1941) (GW11-52)

links: Orca (Foto: Monty Sloan©)

Nichts hatte Bestand, auch nicht das Leid. (GW8-239)

Narziß und Goldmund (1930)

In aller Kürze

Goldmund, der Sohn eines kaiserlichen Beamten, wird von seinem Vater ins Kloster Mariabronn gebracht, um nach dem Besuch der Klosterschule Mönch zu werden. Der Schüler fühlt sich sowohl zu Abt Daniel als auch zu dem Lehrgehilfen und Novizen Narziß hingezogen, mit dem ihn bald eine enge Freundschaft verbindet.

Narziß erkennt Goldmunds eigentliche Bestimmung und zeigt ihm ihre unterschiedlichen Naturen auf. Goldmund ist der Welt und dem Sinnlichen zugewandt und nicht für ein Leben im Kloster und im Geistigen geschaffen wie Narziß. Mit Hilfe des Freundes findet Goldmund die Erinnerung an seine Mutter wieder, die er nur aus der Schilderung des Vaters kannte.

Nach ein paar Jahren kommt es so, wie Narziß geahnt hat: Goldmund verlässt das Kloster, zieht in die Welt, gibt sich dem Leben und den Frauen hin, sucht seine Erfüllung in der Kunst und wird Holzbildhauer. Sein Meisterwerk ist das Bildnis seines Freundes Narziß, den er in der Figur des Evangelisten Johannes* darstellt. Doch sesshaft wird Goldmund nirgends.

Dies treibt ihn eines Tages fast ins Verderben: Goldmund lässt sich in einer Bischofsstadt mit der Frau des Statthalters ein, wird gefangen genommen und soll hingerichtet werden. Am nächsten Morgen erscheint ein Geistlicher in seiner Zelle. Goldmund erkennt zuerst nur das Ordensgewand des Klosters Mariabronn. Sein Freund Narziß, der inzwischen Abt des Klosters geworden ist und nun Johannes heißt, hat seine Freilassung erwirkt.

In Mariabronn schnitzt Goldmund die Figur des früheren Abtes Daniel, den er ebenfalls als einen der Evangelisten darstellt. Danach beginnt er damit, eine Marienfigur herzustellen, die die Züge einer seiner Geliebten tragen soll. Schließlich treibt es ihn wieder zur Wanderschaft. Goldmund muss jedoch erkennen, dass er bei Frauen nicht mehr ankommt, und verletzt sich zu alledem auch noch beim Sturz mit dem Pferd.

* *Hermann Hesses Vater hieß Johannes.*

Sein Stolz lässt eine sofortige Rückkehr ins Kloster nicht zu. So verschleppt er die Heilung und kehrt erst viel später todkrank nach Mariabronn zurück. Er stirbt in Gegenwart seines Freundes.

Hintergrund und Echo

Das Buch beginnt mit einer Beschreibung des Eingangs zum Kloster Mariabronn. Schon nach 12 Wörtern wird klar, dass hier – wie einst in *Unterm Rad* – das Kloster Maulbronn* und seine Umgebung Pate gestanden haben. Und obwohl Hesse die Handlung ins Mittelalter verlegt hat, schwingen bei der Beschreibung einer Pest-Epidemie wohl auch persönliche Erlebnisse aus den Kriegsjahren 1914–1918 mit.

Wie schon in früheren Werken breitet Hesse sein Thema aus: die Spannung zwischen Natur und Geist, die Triebkräfte der Sinnenwelt im Kontrast zu den Beweggründen des Intellekts, das Ringen mütterlicher und väterlicher, männlicher und weiblicher Anteile innerhalb des Individuums. Der angehende Abt Narziß verkörpert dabei das Maskulin-Geistige; dessen Schüler – der Sinnenmensch und spätere Holzbildhauer Goldmund – steht für das Feminin-Sinnliche. Narziß und Goldmund – das sind zwei Seiten einer Medaille. Sie bedingen sich gegenseitig. Keiner ist ohne den anderen denkbar.

Ähnlich wie in *Demian* kommt es am Schluss zur symbolischen Vereinigung der Gegensätze beim Sterben eines der beiden Handlungsträger. Doch stellt der Tod auch hier kein Ende dar, sondern ein Überwinden, eine Stufe, ein Transzendieren, wie man es in Hesses Spätwerk *Das Glasperlenspiel* ausgebreitet finden wird.

Narziß und Goldmund erschien 1930. Und obwohl der Autor nach 1933 nicht direkt vom Goebbels'schen Vernichtungsfeldzug wider den Geist betroffen war, schreibt Hesse später in einem Brief, der Roman habe schon Jahre vor dem Krieg in Deutschland wegen *Papiermangels* nicht nachgedruckt werden können, weil darin eine Jüdin vorkomme, die von einem Pogrom erzählt. Hätte er sich dazu hergegeben, jene Seite zu streichen, so wäre noch manche Auflage gedruckt worden. (GW11-86)

* *Siehe dazu auch das Foto auf Seite 8*

Allein das Paradoxe muß immer wieder gewagt,
das an sich Unmögliche muß immer neu unternommen werden. (GW8-325)

Die Morgenlandfahrt (1932)

In den Jahren nach dem 1. Weltkrieg unternimmt ein sagenumwobener Bund eine Fahrt, über welche der Musiker und einstige Mitreisende H.H. zu berichten versucht. Der Chronist unterliegt jedoch einem Gelübde des Bundes und muss über dessen Geheimnisse schweigen, was eine Berichterstattung natürlich erschwert.

Immerhin erfahren wir, dass jenem seltsamen Bund nicht nur Zeitgenossen und Freunde Hesses angehören, sondern neben vielen anderen auch Plato und Novalis sowie Gestalten aus den Werken des Autors. Und jeder *Morgenlandfahrer* hat ein persönliches Ziel, welches nur durch die Gemeinschaft des Bundes erreichbar ist. Ja, wen solche Ziele nicht umtreiben, der wird erst gar nicht mitgenommen!

Die Reise führt zunächst von Schwaben über die Schweiz ins Tessin und nach Morbio inferiore – einem kleinen Ort zwischen Luganer und Comer See –, wo der Diener Leo plötzlich verschwindet und mit ihm alles, was den Reisenden auf einmal wichtig scheint. Von diesem Zeitpunkt an läuft alles schief und erst am Ende stellt sich heraus, dass Leo sowohl Diener als auch oberster *Morgenlandfahrer* ist. Dies ist ein Hinweis auf die Rolle des Josef Knecht in Hesses Alterswerk *Das Glasperlenspiel*.

Die Morgenlandfahrt ist zwischen 1930 und 1931 entstanden, als der Aufstieg der faschistischen Barbarei schon unübersehbar war. Mit *Morgenland** ist jedoch nicht der Orient gemeint, sondern ein besseres Morgen – eine bessere Zukunft. Jedenfalls schreibt Hesse 1932, das Thema dieses Märchens sei die Vereinsamung des geistigen Menschen in jener Zeit und die Not, sein persönliches Leben und Tun in ein überpersönliches Ganzes, in eine Idee und Gemeinschaft einzuordnen. Das Thema der Morgenlandfahrt sei: Sehnsucht nach Dienen, Suchen nach Gemeinschaft, Befreiung vom unfruchtbar einsamen Virtuosentum des Künstlers. (GW11-88)

* *Der Titel der englischen Ausgabe heißt „Journey to the East“ und auch der Titel der französischen Fassung „Le voyage en orient“ übersetzt „Morgenland“ als „Orient“. Das deutsche Wortspiel geht dabei verloren.*

Man soll auf alles achten, denn man kann alles deuten. (GW9-82)

Das Glasperlenspiel (1943)

Schon 1934 schreibt Hesse über sein ehrgeiziges Vorhaben: *Diese geplante Dichtung sollte, wenn sie gelänge, gleichzeitig in verschiedenen Zeitaltern, gewesenen und künftigen, spielen, zugleich Utopie und Rückblick, und die Unzerstörbarkeit des Geistes lobpreisen.* (GB2-423)

In aller Kürze

Hesses letzte große Schöpfung – mit der er 11 Jahre zugebracht hat (1932–1943) – handelt vom Leben des Josef Knecht, der, als hochbegabter Schüler in einer *kastalischen* Eliteschule herangebildet, zum *Magister Ludi* (Glasperlenspielmeister) aufsteigt. Er legt dieses höchste Amt später jedoch aus Sorge um den Fortbestand der *Pädagogischen Provinz Kastalien* nieder, um sich der Erziehung jüngster Schüler außerhalb der Gemeinschaft *Kastaliens* zu widmen, das sich seiner Meinung nach gefährlich weit vom wirklichen Leben entfernt hat.

Die Idee zur Schaffung der *Pädagogischen Provinz Kastalien* war *gegen Ende der kriegerischen Epoche im Zeitalter des Feuilletons* entstanden, als die Menschen inmitten des Untergangs Kreuzworträtsel lösten oder sich an Aufsätzen ergötzten wie *Friedrich Nietzsche und die Frauenmode um 1870.*

Wissenschaftler verschiedener Fakultäten – vor allem Musikwissenschaftler und Mathematiker – fanden sich zur Rettung geistiger Werte zusammen, begannen mit dem Aufbau von Eliteschulen und der Entwicklung des *Glasperlenspiels,* das schließlich das gesamte verfügbare Wissen umspannte und zum Sinnbild und Kult der *Pädagogischen Provinz Kastalien* wurde.

Man denke sich das Glasperlenspiel etwa so: *Wie man aus Notenzeichen ein Musikstück, aus mathematischen Zeichen eine algebraische oder astronomische Formel ablesen kann, so haben die Glasperlenspieler in Jahrhunderten eine Zeichensprache aufgebaut, welche es ermöglicht, Gedanken, Formeln, Musik, Dichtung etc. aller Zeiten in einer Art Notensprache wiederzugeben.* (GB3-234)

Das *Glasperlenspiel* enthält neben der *Lebensbeschreibung* sowie *Gedichten des Schülers und Studenten Josef Knecht* auch drei fiktive Lebensläufe, in denen sich Knecht als *Glasperlenspiel-Übung* in verschiedene Zeitalter hineinzudenken hatte: *Der Regenmacher* schildert Knechts Leben in prähistorischer Zeit vor etwa 20 000 Jahren, im *Beichtvater* erscheint Josef Famulus (= Latein: *Knecht/Diener*) im 3. oder 4. frühchristlichen Jahrhundert, und im *Indischen Lebenslauf* lebt Knecht als *Dasa* (= Sanskrit: *Knecht/Diener*) zur Blütezeit des Hinduismus in Indien.

Aus der Sprache des Buches schloss die Kritik unter anderem, das *Glasperlenspiel* sei eine Utopie, von der sein Autor glaube, sie werde sich so etwa um das Jahr 2100 realisieren. Hesse meint dazu verwundert, dass das, was in dem Buch stehe, eine seelische Wirklichkeit sei, die immer vorhanden sei und sein werde. (GB3-253)

Daneben schreibt Hesse in Briefen immer wieder, die Arbeit am *Glasperlenspiel,* der Aufenthalt in *Kastalien* und der Glaube an den Sinn seiner Arbeit hätten ihn die Hitlerzeit und den Krieg überstehen lassen, den er einst im *Steppenwolf* (1927!) deutlich an die Wand gemalt hatte. (GB3-335+309) Neben *Siddhartha* gehört das *Glasperlenspiel* mit einer Auflage von 1,1 Millionen bis 1977 zu Hesses erfolgreichsten Büchern.

Die zwei Kilometer von Calw entfernte Ruine des Klosters Hirsau erwacht im „Glasperlenspiel" unter dem Namen „Hirsland" zu neuem Leben. (Fotos: H. Oberst)

Hesse außerhalb des deutschen Sprachraums

Frankreich

Hesses Popularität in Frankreich basiert nicht allein auf der Freundschaft zwischen Hesse und Romain Rolland aus der Zeit des 1. Weltkriegs. Der Schriftsteller hat sich auch in Buchbesprechungen unermüdlich für die Verbreitung der Werke französischer Kollegen eingesetzt. Die ersten französischen Arbeiten über Hesse erschienen bereits 1910. *Siddhartha* erschien 1925, *Demian* 1930, *Narziß und Goldmund* 1948 und *Das Glasperlenspiel* erschien 1955 in französischer Fassung.

Japan

Anfang März 1962 schreibt Hesse, am gierigsten schlucke Japan seine Sachen, während die literarische Jugend Deutschlands in ihm einen komischen alten Romantiker sehe, und in Amerika schwärme seit einigen Jahren die avantgardistische Jugend für *Steppenwolf* und *Demian*. Und nachdem neben vielen anderen auch *Unterm Rad* ins Japanische übersetzt worden sei, habe ihm ein Gymnasiast aus Tokio geschrieben, er sei beim Lesen jenes Buches genau wie *Hans Giebenrath* in einem verwirrten Seelenzustand gewesen. Die Ursache von Hesses Popularität in Japan liegt in der tiefen geistigen und kulturellen Krise, die Japan nach 1945 erlebt hat.

Spanischsprachige Welt

In seinem Buch *El Círculo Hermético* (1966) berichtet der chilenische Autor Miguel Serrano, wie er 1945 die ersten Werke von Hesse kennen lernte. Er meint, im Vergleich zum angelsächsischen Sprachraum – wo man Hesse für schwierig und öde halte – sei die Situation in den spanischsprachigen Ländern völlig anders. Seit 1947 werde Hesse in Südamerika und Spanien ausgesprochen oft und gern gelesen. Die jungen Leute hielten ihn für einen Propheten. Ein mexikanischer Maler sei vom *Glasperlenspiel* so ergriffen gewesen, dass er ein Bild schuf, das den alten Musikmeister zusammen mit dem jungen Josef Knecht zeige, wie sie beide zum ersten Mal musizierten. Schließlich habe der Künstler das Bild Hesse geschenkt.

Vereinigte Staaten von Amerika

Von Hesses Wirkung im Ausland ist seine Aufnahme in den USA wohl am wunderlichsten. Hesse stand Übersetzungen grundsätzlich skeptisch gegenüber. Und er fürchtete nicht zu Unrecht, dass seine Dichtung durch

Übersetzung fast alles verlieren würde, weil sie untrennbar mit der deutschen Sprache zusammenhängt. Außerdem war er der Auffassung, jener Boden werde die Saat nicht aufnehmen. So überraschte es ihn auch nicht, dass die englische Erstauflage von *Narziß und Goldmund* (*Death and the Lover;* 1932) ein Misserfolg wurde. Hesse war also vor der Verleihung des Literatur-Nobelpreises 1946 in den USA praktisch unbekannt.

Doch als der Psychologe Timothy Leary keine zwanzig Jahre später den *Steppenwolf* zu seinem Lieblingsbuch erklärte und seinen Jüngern weismachen wollte, Hesse befürworte darin den Gebrauch von Drogen zur Bewusstseinserweiterung, schoss *im Land der unbegrenzten Oberflächlichkeit* ein seltsamer Hesse-Wahn aus dem Boden, der eine Zeitlang auch das Hesse-Bild in Deutschland beeinflusst hat. Selbst in *Siddhartha* las man einen Opiumkult hinein, während man in *Narziß und Goldmund* lediglich Sexorgien geschildert sehen wollte. So fand sich Hesse plötzlich irgendwo zwischen Haschischpfeifchen und Jim Morrison wieder und es dauerte nicht lange, da gab sich eine Rock-Gruppe den Namen *Steppenwolf*.

Wie weitsichtig ist Hesse doch im April 1950 gewesen, als er über Briefe von amerikanischen Lesern schrieb, die Absender witterten in seinen Werken etwas wie Heimat und sie seien arme Outsider und Steppenwölfe, einsam und hoffnungslos inmitten einer gesunden, kraftvollen, einfach und gut erzogenen Kollektivwelt. Einem Leser habe er sogar geschrieben, er könne nur hoffen und wünschen, die Zahl seiner Gesinnungs- und Leidensgenossen sei winzig klein, denn das Umschlagen einer ganzen Generation nach der Seite der differenzierten Individualpsychologie wäre eine Katastrophe. (Gesammelte Werke, Briefe v. H.H. 10–12. Aufl. 1954)

Das heutige Hessebild in den USA ist hingegen von Sachlichkeit geprägt. Ein bemerkenswertes Buch erschien 1998 an der Universität von South Carolina: ***Understanding Hermann Hesse – The Man, His Myth, His Metaphor*** von Lewis W. Tusken.

Erinnerungsstätten

Eine Auswahl · alle Angaben ohne Gewähr

Hermann-Hesse-Museum Calw
www.calw.de

Kloster Maulbronn
www.schloesser-und-gaerten.de

Hermann-Hesse-Höri-Museum Gaienhofen
www.gaienhofen.de

Museo Hermann Hesse Montagnola
www.hessemontagnola.ch

Zu Besuch in Montagnola

Ausführliche Textnachweise

Seite ↓

3 Beim Wiederlesen eines meiner frühesten Bücher, „Nachtgedanken“
aus: Hermann Hesse, Sämtliche Werke in 20 Bänden. Herausgegeben von Volker Michels. Band 10: Die Gedichte. © Suhrkamp Verlag Frankfurt am Main 2002. Alle Rechte bei und vorbehalten durch Suhrkamp Verlag Berlin.

---

5 Nur das Denken, das wir leben, hat einen Wert.,
aus: Hermann Hesse, Demian, in: ders., Sämtliche Werke in 20 Bänden. Herausgegeben von Volker Michels, Band 3: Roßhalde, Knulp, Demian, Siddhartha. © Suhrkamp Verlag Frankfurt am Main 2001. Alle Rechte bei und vorbehalten durch Suhrkamp Verlag Berlin.

... nach schwerem Tag schenkt Gott in seiner Gnade abends halb 7 Uhr das heißersehnte Kind, unsern Hermann, ein sehr großes, schweres, schönes Kind, das gleich Hunger hat, die hellen blauen Augen nach der Helle dreht und den Kopf selbständig dem Licht zu wendet, ein Prachtexemplar von einem gesunden, kräftigen Burschen.

... sein Eigensinn und Trotz ist geradezu großartig.

7 Hermann, der im Knabenhaus fast für ein Tugendmuster gilt, ist zuweilen kaum zu haben. (...) ich besinne mich doch ernstlich, ob wir ihn nicht in eine Anstalt oder in ein fremdes Haus geben sollten. Wir sind zu schwach für ihn und das ganze Hauswesen nicht genug diszipliniert und regelmäßig.

9 Ich wollte, es wäre schon Ostern, dann könnte ich das Geigen aufstecken; es ist eine Qual bei Herrn Haasis.

Hermann wohlbehalten zurück.

Die Professoren nehmen's sehr ernst, sie befürchten partielle Geistesverwirrung, etwas Krankhaftes. Das ist's ja auch und wir sind sehr in Sorge. Da er bisher so gerne in Maulbronn war, ist's uns unerklärlich, daß er fortlief. Ein Stuß und Ärger mit dem Musiklehrer etliche Tage vorher hatte wohl mitgewirkt.

10 Hermann in hohem Maße die Fähigkeit fehle, sich selbst in Zucht zu halten und seinen Geist und sein Gemüt in die Schranken einzufügen, welche für sein Alter und für eine erfolgreiche Erziehung im Seminar notwendig seien. Ferner glaube man, dass sein weiterer Aufenthalt in Maulbronn eine Gefahr für die Mitschüler darstelle.

Ich habe den verloren, den ich mehr liebte als alle (...), es ist schwer, am Sarg eines Freundes zu stehen, zehnmal schwerer, einen Freund lebend zu verlieren.

11 Sehr geehrter Herr Da Sie sich so auffällig opferwillig zeigen, darf ich Sie vielleicht um 7 M oder gleich um den Revolver bitten. (...) Eigentlich hätte ich ja schon im Juni krepieren sollen. (...) Ihre Verhältnisse zu mir scheinen sich immer gespannter zu gestalten, ich glaube, wenn ich Pietist und nicht Mensch wäre, wenn ich jede Eigenschaft und Neigung an mir ins Gegenteil verkehrte, könnte ich mit Ihnen harmonieren. Aber so kann und will ich nimmer leben und wenn ich ein Verbrechen begehe, sind nächst mir Sie schuld, Herr Hesse, der Sie mir die Freude am Leben nahmen. Aus dem „lieben Hermann“ ist ein anderer geworden, ein Welthasser, eine Waise, deren „Eltern“ leben. Schreiben Sie nimmer „Lieber H.“ etc; es ist eine gemeine Lüge. (...) Ich hoffe, daß die Katastrophe nimmer lang auf sich warten läßt. Wären nur Anarchisten da! H. Hesse, Gefangener im Zuchthaus zu Stetten. Ich beginne mir Gedanken zu machen, wer in dieser Affaire schwachsinnig ist. Übrigens wäre es mir erwünscht, wenn Sie gelegentlich mal herkämen.

Alles wäre schön und gut, wenn nur die Welt nicht gar so schön wäre, oder wenn sie mir offen stünde. 12

Es gab keine Verbrecher in unserm Hause außer mir.

Überwindung jenes Ekels, (...) irgendeiner regelmäßigen, für Körper und Geist nicht allzu anstrengenden Tätigkeit.

Mir fehlt hier aller Umgang, besonders alle Gelegenheit, 14
über Nichtalltägliches zu sprechen, Freunde konnte ich hier nicht finden und mein Beruf (Techniker), in den mich die Umstände drängten, befriedigt mich nicht. So ward mir die Poesie immer lieber, immer unentbehrlicher, sie mußte mir das einsame Leben versüßen, die Bilder des Alltagstreibens verklären, Freundschaft und Rat von Freunden ersetzen.

Wie gesagt – in meinem Beruf und bei meinen etwas einseitig religiös gesinnten Verwandten zum Schweigen über das mir Wichtige verdammt, bin ich innerlich etwas haltlos, wenigstens einsam, und jeder Brief ist mir eine Wohltat.

Textauszüge aus: Hermann Hesse, Kindheit und Jugend vor Neunzehnhundert. Erster Band. Hermann Hesse in Briefen und Lebenszeugnissen. 1877–1895. Ausgewählt und herausgegeben von Ninon Hesse. © Suhrkamp Verlag Frankfurt am Main 1966. Alle Rechte bei und vorbehalten durch Suhrkamp Verlag Berlin.

[...] wie man eine gefangene Maus in der Drahtfalle tanzen 13
läßt, ehe man sie ersäuft.

Als ich im Bette lag, hatte ich die Gewißheit, daß er mir ganz und vollkommen verziehen habe – vollkommener als ich ihm.

Textauszüge aus: Hermann Hesse, Kinderseele, in ders.: Sämtliche Werke in 20 Bänden. Herausgegeben von Volker Michels. Band 8: Die Erzählungen III. © Suhrkamp Verlag Frankfurt am Main 2002. Alle Rechte bei und vorbehalten durch Suhrkamp Verlag Berlin.

Es gehört zu den Unvollkommenheiten und Entbehrungen 16
des menschlichen Lebens, daß unsere Kindheit uns fremd werden muß und in Vergessenheit fällt wie ein Schatz, der spielenden Händen entgleitet, und über den Rand eines tiefen Brunnens fällt.

Seite ↓

Textauszug aus: Hermann Hesse, Hinterlassene Schriften und Gedichte von Hermann Lauscher. Herausgegeben von Hermann Hesse, in: ders., Sämtliche Werke in 20 Bänden. Herausgegeben von Volker Michels, Band 1: Jugendschriften. © Suhrkamp Verlag Frankfurt am Main 2001. Alle Rechte bei und vorbehalten durch Suhrkamp Verlag Berlin.

---

18 …den Krieg ins Studierzimmer tragen und am Schreibtisch blutige Schlachtgesänge verfassen oder Artikel, in denen der Haß zwischen den Völkern genährt und ingrimmig geschürt wird. (...) …wir Dichter, Künstler, Journalisten – kann es unsere Aufgabe sein, das Schlimme zu verschlimmern, das Häßliche und Beweinenswerte zu vermehren?
Textauszug aus: Hermann Hesse, „O Freunde, nicht diese Töne“, in: ders., Sämtliche Werke in 20 Bänden. Herausgegeben von Volker Michels. Band 15: Die politischen Schriften. Eine Dokumentation. © Suhrkamp Verlag Frankfurt am Main 2004. Alle Rechte bei und vorbehalten durch Suhrkamp Verlag Berlin.

---

19 Es geht uns Deutschen heute überaus schlecht, wir wissen noch nicht, ob und wie wir morgen leben werden. Und gerade jetzt ist die Versuchung zu unnützen Gebärden und Gefühlen groß. (...) Man vergleicht unsere heutige Lage mit der Lage, in die wir Frankreich im Jahre 1870 gebracht hatten, und zieht dieselben Schlüsse daraus: Zähne zusammenbeißen, das Unabwendbare ertragen, im Herzen aber Rache brüten und das Unglück später einmal wiedergutmachen!
Textauszug aus: Hermann Hesse, „Der Weg der Liebe“, in: ders., Sämtliche Werke in 20 Bänden. Herausgegeben von Volker Michels. Band 15: Die politischen Schriften. Eine Dokumentation. © Suhrkamp Verlag Frankfurt am Main 2004. Alle Rechte bei und vorbehalten durch Suhrkamp Verlag Berlin.

Ihr Deutsche seid mehr als jedes andere Volk an das Gehorchen gewöhnt. Euer Volk hat so leicht, hat so überaus gerne und freudig gehorcht, keinen Schritt mochte es tun, ohne dabei die Befriedigung zu fühlen, daß damit ein Gebot erfüllt, eine Vorschrift befolgt sei. Mit Gesetzestafeln und namentlich mit Verbotstafeln war euer gutes Land bedeckt wie mit einem Walde.
Textauszug aus: Hermann Hesse, „Zarathustras Wiederkehr“, in: ders., Sämtliche Werke in 20 Bänden. Herausgegeben von Volker Michels. Band 15: Die politischen Schriften. Eine Dokumentation. © Suhrkamp Verlag Frankfurt am Main 2004. Alle Rechte bei und vorbehalten durch Suhrkamp Verlag Berlin.

---

20 Einen „eigenen Sinn“ nun hat jedes Ding auf Erden. (...) Einzig zwei arme, verfluchte Wesen auf Erden gibt es, denen es nicht vergönnt ist, so zu wachsen, zu leben und zu sterben, wie es ihnen der tief eingeborene eigene Sinn befiehlt. Einzig der Mensch und das von ihm gezähmte Haustier sind dazu verurteilt, nicht der Stimme des Lebens und Wachstums zu folgen, sondern irgendwelchen Gesetzen, die von Menschen aufgestellt sind und die immer von Zeit zu Zeit wieder von Menschen gebrochen und geändert werden. Und das ist nun das Sonderbarste: Jene wenigen, welche die willkürlichen Gesetze mißachteten, um ihren eigenen, natürlichen Gesetzen zu folgen – sie sind zwar meistens verurteilt und gesteinigt worden, nachher aber wurden sie, gerade sie, für immer als Helden und Befreier verehrt. (...) Jetzt höre ich die Autoritäten sagen: „Du predigst Revolution.“ Wieder ein Irrtum, der nur unter Herdenmenschen möglich ist. Ich predige Eigensinn, nicht Umsturz. Wie sollte ich Revolution wünschen? Revolution ist nichts anderes als Krieg, ist genau wie dieser eine „Fortsetzung der Politik mit anderen Mitteln“. Der Mensch aber, der einmal den Mut zu sich selber gefühlt und die Stimme seines eigenen Schicksals gehört hat, ach, dem ist an Politik nicht das mindeste mehr gelegen, sei sie nun monarchisch oder demokratisch, revolutionär oder konservativ! Ihn kümmert anderes. Sein „Eigensinn“ ist wie der tiefe, herrliche, gottgewollte Eigensinn jedes Grashalms auf nichts anderes gerichtet als auf sein eigenes Wachstum. (...) Oh, wie ich diese Tugend liebe, den Eigensinn! Wenn man sie erst einmal erkannt und etwas davon in sich gefunden hat, dann werden die vielen bestempfohlenen Tugenden allesamt merkwürdig zweifelhaft. Der Patriotismus ist so eine. Ich habe nichts gegen ihn. Er setzt an Stelle des einzelnen einen größeren Komplex. Aber so richtig als Tugend geschätzt wird er doch erst, wenn das Schießen losgeht – dieses naive und so lächerlich unzulängliche Mittel, „die Politik fortzusetzen“. Den Soldat, der Feinde totschießt, hält man doch eigentlich immer für den größeren Patrioten als den Bauern, der sein Land möglichst gut anbaut. Denn 21
letzterer hat davon selber Vorteil. Und komischerweise gilt in unserer verzwickten Moral stets diejenige Tugend für zweifelhaft, welche ihrem Inhaber selber wohltut und nützt! Warum eigentlich? Weil wir gewohnt sind, Vorteile immer auf Kosten anderer zu erjagen. Weil wir voll Mißtrauen meinen, immer gerade das begehren zu müssen, was ein anderer hat.
Textauszug aus: Hermann Hesse, „Eigensinn“, in: ders., Sämtliche Werke in 20 Bänden. Herausgegeben von Volker Michels, Band 12: Autobiographische Schriften 2. © Suhrkamp Verlag Frankfurt am Main 2003. Alle Rechte bei und vorbehalten durch Suhrkamp Verlag Berlin.

Manchmal war sie so zart und empfindlich, daß alles Fremde ihr weh tat und sie leicht zum Weinen brachte. 22
Textauszug aus: Hermann Hesse, „Iris“, in: ders., Sämtliche Werke in 20 Bänden. Herausgegeben von Volker Michels. Band 9: Märchen und Legenden. Hexameter Dichtungen. © Suhrkamp Verlag Frankfurt am Main 2002. Alle Rechte bei und vorbehalten durch Suhrkamp Verlag Berlin.

Ich sehe uns und unsere Welt untergehen, nichts ist mir sicherer als dieser Untergang, den ich bejahe, ja wünsche, denn ich sehe ihn nur als Sterben erkalteter Formen, ohne an die Mitvernichtung des Lebens zu glauben. Wir werden bald wieder Kriege haben, große Kriege, und den Todeskampf ein Stück weiterführen. Nicht ihn zu verhindern, zu verzögern oder zu beschleunigen, halte ich für meine und unsere Aufgabe, sondern ihn zu sehen, den Blick ins Chaos zu ertragen, dem Chaos den Geist entgegenzustellen und den Glauben an den Geist, als Creator wie als Logos, den Späteren weiterzugeben. 23
Textauszug aus: Hermann Hesse, „Aus einem Brief vom Mai 1934 an Friedrich Michael, Leipzig“, in: ders., Sämtliche Werke in 20 Bänden. Herausgegeben von Volker Michels. Band 15: Die politischen Schriften. Eine Dokumentation. © Suhrkamp Verlag Frankfurt am Main 2004. Alle Rechte bei und vorbehalten durch Suhrkamp Verlag Berlin.

---

26 Bei dieser Zeitung ist es Tradition, daß jede Woche ein Prominenter abgeschlachtet wird. Nun war eben ich mal an der Reihe.

Daß in Deutschland, das sich wieder stark und kriegerisch fühlt, wieder Schmähartikel über mich erscheinen, ist nach den übermäßigen Ehrungen und Feiern beinahe erfrischend.

27 Wer innerhalb gewisser Grenzen Die edle Poesie betreibt, Der ahnt oft nicht die Konsequenzen, Die er auf sich herniederschreibt.
Textauszug aus: Hermann Hesse, Gesammelte Briefe. Band 4: 1949–1962. Herausgegeben von Volker Michels und Heiner Hesse. © Suhrkamp Verlag Frankfurt am Main 1986. Alle Rechte bei und vorbehalten durch Suhrkamp Verlag Berlin.

Daß der Dichter so seine Wörtchen klaubt und setzt und auswählt, mitten in einer Welt, die morgen vielleicht zerstört sein wird, das ist genau das Gleiche, was die Anemonen und Primeln und andern Blümchen tun, die jetzt auf allen Wiesen wachsen. Mitten in einer Welt, die vielleicht morgen mit Giftgas überzogen ist, bilden sie sorgfältig ihre Blättchen und Kelche, mit fünf oder vier oder sieben Blumenblättchen, glatt oder gezackt, alles genau und möglichst hübsch.
Textauszug aus: Hermann Hesse, „Aus der Betrachtung „Rückkehr aufs Land", „Kölnische Zeitung" vom 1. 5. 1927", in: ders., Sämtliche Werke in 20 Bänden. Herausgegeben von Volker Michels. Band 19: Die Welt im Buch. Leseerfahrungen IV. Rezensionen und Aufsätze aus den Jahren 1926-1934. © Suhrkamp Verlag Frankfurt am Main 2004. Alle Rechte bei und vorbehalten durch Suhrkamp Verlag Berlin.

---

28 Wie wäre es, wenn wir die Bilder und Gedanken der Dichter einmal nicht als Spaß, sondern als Ernst nehmen würden, wenn wir annehmen würden, daß sie vielleicht Recht haben und mehr von der Wahrheit wissen als die Redakteure, Generäle und Diktatoren?
Textauszug aus: Hermann Hesse, Gesammelte Briefe. Band 3: 1936-1948. Herausgegeben von Volker Michels und Heiner Hesse. © Suhrkamp Verlag Frankfurt am Main 1986. Alle Rechte bei und vorbehalten durch Suhrkamp Verlag Berlin

---

31 Die Bücher der Dichter bedürfen weder der Erklärung noch der Verteidigung, sie sind überaus geduldig und können warten, und wenn sie etwas wert sind, dann leben sie meistens länger als alle die, die über sie streiten.
Textauszug aus: Hermann Hesse, Gesammelte Werke in zwölf Bänden. Band 11. © Suhrkamp Verlag Frankfurt am Main 1987. Alle Rechte bei und vorbehalten durch Suhrkamp Verlag Berlin

---

33 Wenn ich nun meine Fahrten und Lebensversuche beschaue und überdenke, freut und ärgert es mich, die alte Erfahrung auch an mir erlebt zu haben, daß die Fische ins Wasser und die Bauern aufs Land gehören und daß aus einem Nimikoner Camenzind trotz aller Künste kein Stadt- und Weltmensch zu machen ist.

Ungefähr alle paar Wochen aber nahm er mich bei der 34
Hand und verschwand stillschweigend mit mir auf dem über dem Stall gelegenen Heuboden. Dort vollzog sich alsdann ein seltsamer Straf- und Sühneakt: ich bekam eine Tracht Prügel, ohne daß der Vater oder ich selbst genauer gewußt hätte, wofür. Es waren stille Opfer am Altar der Nemesis, und sie wurden ohne Schelten seinerseits oder Geschrei meinerseits dargebracht als schuldiger Tribut an eine geheimnisvolle Macht. Immer, wenn ich in späteren
Jahren einmal vom „blinden" Schicksal reden hörte, fielen 35
diese mysteriösen Szenen mir wieder ein und schienen mir eine überaus plastische Darstellung jenes Begriffs zu sein. Ohne es zu wissen, befolgte mein guter Vater dabei eine schlichte Pädagogik, die das Leben selbst an uns zu üben pflegt, indem es und hie und da ein Donnerwetter sendet, wobei es uns überlassen bleibt, darüber nachzusinnen, durch was für Missetaten wir eigentlich die oberen Mächte herausgefordert haben.

Viele sagen, sie „lieben die Natur". Das heißt, sie sind nicht abgeneigt, je und je ihre dargebotenen Reize sich gefallen zu lassen. Sie gehen hinaus und freuen sich über die Schönheit der Erde, zertreten die Wiesen und reißen schließlich eine Menge Blumen und Zweige ab, um sie bald wieder wegzuwerfen oder daheim verwelken zu sehen. So lieben sie die Natur. Sie erinnern sich dieser Liebe am Sonntag, wenn schönes Wetter ist, und sind dann gerührt über ihr gutes Herz. Sie hätten es ja nicht nötig, denn „der Mensch ist die Krone der Natur". Ach ja, die Krone!

Ich hatte, wie man weiß, den Wunsch, in einer größeren Dichtung den heutigen Menschen das großzügige, stumme Leben der Natur nahe zu bringen und lieb zu machen. Ich wollte sie lehren, auf den Herzschlag der Erde zu hören, am Leben des Ganzen teilzunehmen und im Drang ihrer kleinen Geschicke nicht zu vergessen, daß wir nicht Götter und von uns selbst geschaffen, sondern Kinder und Teile der Erde und des kosmischen Ganzen sind. Ich wollte daran erinnern, daß gleich den Liedern der Dichter und gleich den Träumen unsrer Nächte auch Ströme, Meere ziehende Wolken und Stürme Symbole und Träger der Sehnsucht sind, welche zwischen Himmel und Erde ihre Flügel ausspannt und deren Ziel die zweifellose Gewißheit vom Bürgerrecht und von der Unsterblichkeit alles Lebenden ist. (...) Ich wollte erreichen, daß ihr euch schämet, von ausländischen Kriegen, von Mode, Klatsch, Literatur und Künsten mehr zu wissen als vom Frühling, der vor euren Städten sein unbändiges Treiben entfaltet, und als vom Strom, der unter euren Brücken hinfließt, und von den Wäldern und herrlichen Wiesen, durch welche eure Eisenbahn rennt.
Textauszug aus: Hermann Hesse, Peter Camenzind, in: ders., Sämtliche Werke in 20 Bänden. Herausgegeben von Volker Michels, Band 2: Peter Camenzind. Unterm Rad. Gertrud. © Suhrkamp Verlag Frankfurt am Main 2001. Alle Rechte bei und vorbehalten durch Suhrkamp Verlag Berlin.

Es war etwas in ihm, etwas Wildes, Regelloses, Kultur- 37
loses, das mußte erst zerbrochen werden, eine gefährliche Flamme, die mußte erst gelöscht und ausgetreten werden. Der Mensch, wie ihn die Natur erschafft, ist etwas Unberechenbares, Undurchsichtiges, Gefährliches. Er ist ein von unbekanntem Berge herbrechender Strom und ist ein Urwald ohne Weg und Ordnung. Und wie ein Urwald

Seite ↓ gelichtet und gereinigt und gewaltsam eingeschränkt werden muß, so muß die Schule den natürlichen Menschen zerbrechen, besiegen und gewaltsam einschränken; ihre Aufgabe ist es, ihn nach obrigkeitlicherseits gebilligten Grundsätzen zu einem nützlichen Gliede der Gesellschaft zu machen und die Eigenschaften in ihm zu wecken, deren völlige Ausbildung alsdann die sorgfältige Zucht der Kaserne krönend beendigt.

38 Einen toten Schüler blicken die Lehrer stets mit ganz anderen Augen an als einen lebenden, sie werden dann für einen Augenblick vom Wert und von der Unwiederbringlichkeit jedes Lebens und jeder Jugend überzeugt, an denen sie sich sonst so häufig sorglos versündigen.

Warum hatte er in den empfindlichsten und gefährlichsten Knabenjahren täglich bis in die Nacht hinein arbeiten müssen? Warum hatte man ihm seine Kaninchen weggenommen und ihn den Kameraden in der Lateinschule mit Absicht entfremdet, ihm Angeln und Bummeln verboten und ihm das hohle, gemeine Ideal eines schäbigen, aufreibenden Ehrgeizes eingeimpft? Warum hatte man ihm selbst nach dem Examen die wohlverdienten Ferien nicht gegönnt? Nun lag das überhetzte Rößlein am Weg und war nicht mehr zu brauchen.

„Dort laufen ein paar Herren", sagte er leise, „die haben auch mitgeholfen, ihn so weit zu bringen."

In der Geschichte und Gestalt des kleinen Hans Giebenrath, zu dem als Mit- und Gegenspieler sein Freund Heilner gehört, wollte ich die Krise jener Entwicklungsjahre darstellen und mich von der Erinnerung an sie befreien, und um bei diesem Versuche das, was mir an Überlegenheit und Reife fehlte, zu ersetzen, spielte ich ein wenig den Ankläger und Kritiker jenen Mächten gegenüber, denen Giebenrath erliegt und denen einst ich selber beinahe erlegen wäre: der Schule, der
39 Theologie, der Tradition und Autorität. Wie gesagt, es war ein verfrühtes Unternehmen, auf das ich mich mit meinem Schülerroman einließ, und es ist denn auch nur sehr teilweise geglückt. So hatte ich, als später das einst viel umstrittene Buch in Vergessenheit geriet – es ist seit sehr vielen Jahren aus dem Buchhandel verschwunden –, wenig dagegen, daß mein kleiner Schulroman der Kritik und mir selbst sachte aus den Augen geraten war, und ließ es gern dabei bewenden. Aber, ob geglückt oder nicht, das Buch enthielt doch ein Stück wirklich erlebten und erlittenen Lebens, und solch ein lebendiger Kern vermag zuweilen nach erstaunlich langer Zeit und unter völlig anderen, neuen Umständen wieder wirksam zu werden und etwas von seinen Energien auszustrahlen.

Ach, das weiß ich heute: nichts auf der Welt ist dem Men- 40
schen mehr zuwider, als den Weg zu gehen, der ihn zu sich selber führt!

In jedem ist der Geist Gestalt geworden, in jedem leidet die 42
Kreatur, in jedem wird ein Erlöser gekreuzigt

Ich wollte ja nichts als das zu leben versuchen, was von selber aus mir heraus wollte. Warum war das so sehr schwer?

Wir ziehen die Grenzen unserer Persönlichkeit immer viel zu eng! Wir rechnen zu unserer Person immer bloß das, was wir als individuell unterschieden, als abweichend erkennen. Wir bestehen aber aus dem ganzen Bestand der Welt, jeder von uns, und ebenso wie unser Körper die Stammtafeln der Entwicklung bis zum Fisch und noch viel weiter zurück in sich trägt, so haben wir in der Seele alles, was je in Menschenseelen gelebt hat. Alle Götter und Teufel, die je gewesen sind, sei es bei den Griechen und Chinesen oder bei den Zulukaffern, alle sind mit in uns, sind da, als Möglichkeiten, als Wünsche, als Auswege. ...

Wenn wir einen Menschen hassen, so hassen wir in seinem Bild etwas, was in uns selber sitzt. Was nicht in uns selber ist, das regt uns nicht auf.

Wissen kann man mitteilen, Weisheit aber nicht. Man kann 43
sie finden, man kann sie leben, man kann von ihr getragen werden, man kann mit ihr Wunder tun, aber sagen und lehren kann man sie nicht.

Ein Ziel stand vor Siddhartha, ein einziges: leer werden, leer von Durst, leer von Wunsch, leer von Traum, leer von Freude und Leid. Von sich selbst wegsterben, nicht mehr
Ich sein, entleerten Herzens Ruhe zu finden, im entselb- 44
steten Denken dem Wunder offen zu stehen, das war sein Ziel. Wenn alles Ich überwunden und gestorben war, wenn jede Sucht und jeder Trieb im Herzen schwieg, dann mußte das Letzte erwachen, das Innerste im Wesen, das nicht mehr Ich ist, das große Geheimnis.

Keinem wird Erlösung zuteil durch Lehre! Keinem, o Ehrwürdiger, wirst du in Worten und durch Lehre mitteilen und sagen können, was dir geschehen ist in der Stunde deiner Erleuchtung.

Ja, es war so, es kam alles wieder, was nicht bis zu Ende 45
gelitten und gelöst ward, es wurden immer wieder dieselben Leiden gelitten.

Wissen kann man mitteilen, Weisheit aber nicht. Man kann sie finden, man kann sie leben, man kann von ihr getragen werden, man kann mit ihr Wunder tun, aber sagen und lehren kann man sie nicht.
Textauszug aus: Hermann Hesse, Siddhartha, in: ders., Sämtliche Werke in 20 Bänden. Herausgegeben von Volker Michels, Band 3: Roßhalde, Knulp, Demian, Siddhartha. © Suhrkamp Verlag Frankfurt am Main 2001. Alle Rechte bei und vorbehalten durch Suhrkamp Verlag Berlin.

---

47 Bei Harry hingegen war es anders, in ihm liefen Mensch und Wolf nicht nebeneinander her, und noch viel weniger halfen sie einander, sondern sie lagen in ständiger Todfeindschaft gegeneinander, und einer lebte dem anderen lediglich zu Leide, und wenn Zwei in Einem Blut und Einer Seele miteinander Todfeind sind, dann ist das ein übles Leben.

... ich hatte sie mir gewünscht und mir erworben in langen Jahren. Sie war kalt, o ja, sie war aber auch still, wunderbar still und groß wie der kalte stille Raum, in dem die Sterne sich drehen.

Bindung entstand nirgends, sein Leben zu teilen war niemand gewillt und fähig.

49 Der Mensch ist ja keine feste und dauernde Gestaltung (dies war, trotz entgegengesetzter Ahnungen ihrer Weisen, das Ideal der Antike), er ist vielmehr ein Versuch und Übergang, er ist nichts andres als die schmale, gefährliche Brücke zwischen Natur und Geist.
Textauszug aus: Hermann Hesse, Der Steppenwolf, in: ders., Sämtliche Werke in 20 Bänden. Herausgegeben von Volker Michels. Band 4. © Suhrkamp Verlag Frankfurt am Main 2001. Alle Rechte bei und vorbehalten durch Suhrkamp Verlag Berlin.

Ich kann und mag natürlich den Lesern nicht vorschreiben, wie sie meine Erzählung zu verstehen haben. Möge jeder aus ihr machen, was ihm entspricht und dienlich ist! Aber es wäre mir doch lieb, wenn viele von ihnen merken würden, daß die Geschichte des Steppenwolfes zwar eine Krankheit und Krisis darstellt, aber nicht eine, die zum Tode führt, nicht einen Untergang, sondern das Gegenteil: eine Heilung.
Textauszug aus: Hermann Hesse, „Nachwort (1941)", in: ders., Der Steppenwolf, in: ders., Sämtliche Werke in 20 Bänden. Herausgegeben von Volker Michels. Band 4. © Suhrkamp Verlag Frankfurt am Main 2001. Alle Rechte bei und vorbehalten durch Suhrkamp Verlag Berlin.

Nichts hatte Bestand, auch nicht das Leid. 50
Textauszug aus: Hermann Hesse, Narziß und Goldmund, in: ders., Sämtliche Werke in 20 Bänden. Herausgegeben von Volker Michels. Band 4. © Suhrkamp Verlag Frankfurt am Main 2001. Alle Rechte bei und vorbehalten durch Suhrkamp Verlag Berlin.

Allein das Paradoxe muß immer wieder gewagt, das an 52
sich Unmögliche muß immer neu unternommen werden.
Textauszug aus: Hermann Hesse, Die Morgenlandfahrt, in: ders., Sämtliche Werke in 20 Bänden. Herausgegeben von Volker Michels. Band 4. © Suhrkamp Verlag Frankfurt am Main 2001. Alle Rechte bei und vorbehalten durch Suhrkamp Verlag Berlin.

Man soll auf alles achten, denn man kann alles deuten. 53
Textauszug aus: Hermann Hesse, Das Glasperlenspiel. Versuch einer Lebensbeschreibung des Magister Ludi Josef Knecht samt Knechts hinterlassenen Schriften, in: ders., Sämtliche Werke in 20 Bänden. Herausgegeben von Volker Michels. Band 5. © Suhrkamp Verlag Frankfurt am Main 2001. Alle Rechte bei und vorbehalten durch Suhrkamp Verlag Berlin.

Diese geplante Dichtung sollte, wenn sie gelänge, gleichzeitig in verschiedenen Zeitaltern, gewesenen und künftigen, spielen, zugleich Utopie und Rückblick, und die Unzerstörbarkeit des Geistes lobpreisen.
Textauszug aus: Hermann Hesse, [Brief an Alfred Kubin, April 1934], in: ders., »In den Niederungen des Aktuellen«. Hermann Hesse. Die Briefe, Band 5: 1933 – 1939. Herausgegeben von Volker Michels © Suhrkamp Verlag Berlin 2018. Alle Rechte bei und vorbehalten durch Suhrkamp Verlag Berlin.

Wie man aus Notenzeichen ein Musikstück, aus mathematischen Zeichen eine algebraische oder astronomische Formel ablesen kann, so haben die Glasperlenspieler in Jahrhunderten eine Zeichensprache aufgebaut, welche es ermöglicht, Gedanken, Formeln, Musik, Dichtung etc. aller Zeiten in einer Art Notensprache wiederzugeben.
Textauszug aus: Hermann Hesse, Gesammelte Briefe. Band 3: 1936–1948. Herausgegeben von Volker Michels und Heiner Hesse. © Suhrkamp Verlag Frankfurt am Main 1982. Alle Rechte bei und vorbehalten durch Suhrkamp Verlag Berlin.

Die Textnachweise sind auf Wunsch des Suhrkamp Verlags hier nochmal nach bestem Wissen zusammengefasst abgedruckt. Sollten sie dennoch Fehler enthalten, bitten wir darum, dies dem Schulwerkstatt-Verlag mitzuteilen.

Kleine deutsche Chronik von 1871 bis 1961

18. 1. 1871: Nach dem Sieg über Frankreich: Gründung des Deutschen Reiches in Versailles. Wilhelm I., König von Preußen, wird deutscher Kaiser.

9. 3. 1888: Wilhelm I. stirbt; Kronprinz Friedrich rückt nach.

15. 6. 1888: Kaiser Friedrich stirbt; Wilhelm II. rückt nach.

19. 3. 1890: Bismarcks Abgang.

1914–1918: 1. Weltkrieg.

19. 1. 1919: Nach der Niederschlagung der Revolution: Wahl zur Nationalversammlung.

11. 8. 1919: Unterzeichnung der Weimarer Verfassung.

10. 1. 1920: Ratifizierung des Versailler Vertrages.

26. 4. 1925: Hindenburg wird Reichspräsident.

10. 4. 1932: Wiederwahl Hindenburgs.

30. 1. 1933: Hindenburg beruft Hitler zum Reichskanzler.

10. 5. 1933: Öffentliche Verbrennung „undeutscher Bücher".

13. 3. 1938: Besetzung Österreichs.

29. 9. 1938: Münchner Konferenz: Die Tschechoslowakei wird vor den Augen der Welt verschachert.

9. 11. 1938: Beginn des offenen Terrors gegen jüdisches Leben und jüdische Kultur im Herrschaftsbereich der Nationalsozialisten.

1. 9. 1939: Überfall auf Polen.

1939–1945: 2. Weltkrieg.

8. 5. 1945: Beendigung des Kriegs im Westen durch Kapitulation der Wehrmacht. (Atombomben auf Japan beenden im August den Krieg im Osten.)

20. 6. 1948: Währungsreform in den Westzonen.

24. 6. 1948: Berlinblockade durch die Sowjetunion bis 12. 5. 1949.

8. 5. 1949: Der Parlamentarische Rat verabschiedet in Bonn das Grundgesetz.

12. 9. 1949: Theodor Heuss wird der erste Bundespräsident der BRD.

7. 10. 1949: Gründung der DDR.

18. 1. 1956: Gesetz über Aufbau der NVA in der DDR.

7. 7. 1956: Allgemeine Wehrpflicht in der BRD.

13. 8. 1961: DDR riegelt die Grenze zu den Berliner Westsektoren ab: Mauerbau.